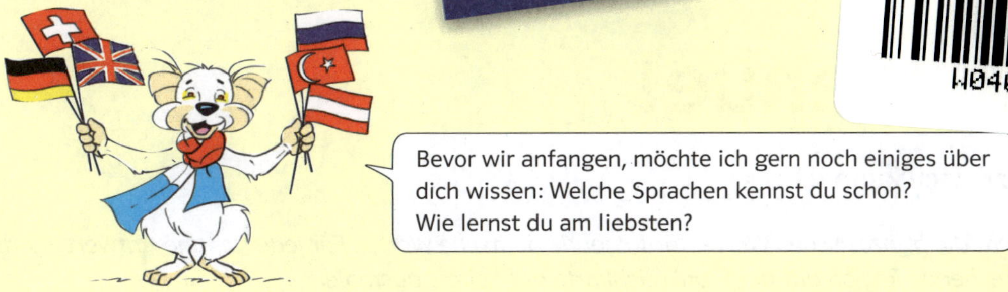

Diese Sprachen sind mir begegnet:

Zu Hause sprechen wir: ______________________________

Manche meiner Freunde sprechen als Muttersprache: ______________________________

In der Schule lerne ich: ______________________________

In meiner Schule kann man auch ______________________________ lernen.

In den Ferien habe ich schon andere Sprachen gesprochen oder gehört.

Das sind: ______________________________.

So lerne ich Sprachen:

So lerne ich gern *(Kreuze an)*:

mit Musik / Liedern ☐

beim Lesen ☐

am Computer ☐

mit Spielen ☐

beim Zuhören ☐

im Urlaub ☐

____

(Oder noch anders? – Schreib auf!)

Das möchte ich auf Französisch können *(Kreuze an)*:

Mich mit anderen unterhalten ☐ Lieder verstehen ☐ An frz. Freunde schreiben ☐ Bücher, Comics lesen ☐

Weltsprache Französisch:

In vielen Ländern der Welt wird Französisch gesprochen, in Europa außer in Frankreich z. B. auch in

____

Bienvenue!

Vis-à-vis

1 Französisch kann ich!

A *Sucht die französischen Wörter für folgende deutsche Wörter. Für jede richtige Antwort könnt ihr die entsprechende Region aus der Frankreichkarte auf Seite 3 ausmalen:*

1. Wohnung un appartment
2. Verzeihung pardon
3. Nachspeise dessert
4. Andenken souvenir
5. Erstaufführung première
6. Stockwerk étage
7. Künstlerwerkstatt Atelier
8. Großer Preis Grand Prix
9. Unglück malheur
10. Mut courage
11. Geschäftszweig branche
12. Verabredung rendez-vous
13. Feinschmecker gourmet
14. Gehweg trottoir
15. Gesicht visage
16. Pfannkuchen / Palatschinken crêpe
17. Danke Merci
18. Mein Liebling ma chérie
19. Apfelsine / Orange
20. Stange Brot un baguette
21. Lied
22. Hörnchen / Kipferl un croissant

B *Schneidet aus Zeitschriften und Etiketten französische Markennamen und französische Wörter aus und nehmt sie in die Schule mit. Übt gemeinsam die Aussprache. Ihr könnt die Wörter in der Schule auf Papierbögen aufkleben oder aufschreiben und im Klassenzimmer aufhängen.*

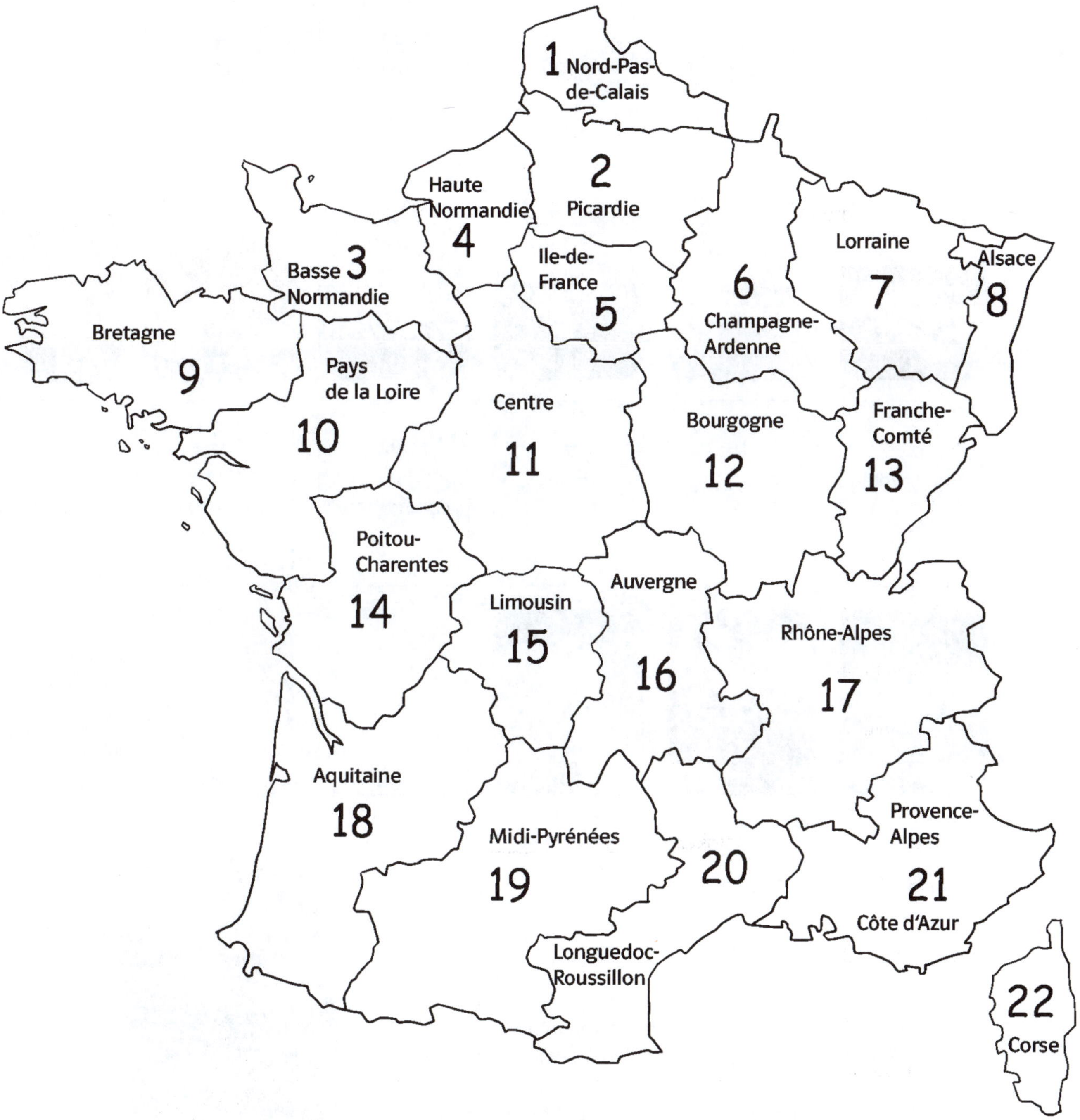

Vis-à-vis

2 C'est la France! (Das ist Frankreich!) (nach SB S. 10)

Du weißt bestimmt schon einiges über Frankreich!

Welches Wort passt zu welchem Bild?
Ziehe Linien von den nummerierten französischen Wörtern zu den passenden Bildern.
Wenn du dann die Buchstaben in der richtigen Reihenfolge unten einträgst,
erfährst du, wie der Eiffelturm, das Wahrzeichen von Paris, auf Französisch heißt.

1	2	3	4	5	6
Obélix	un croissant	le TGV	Napoléon	une baguette	le champagne

7	8	9	10	11	12
une crêpe	le parfum	la France	un camembert	le tour de France	le Mont-Blanc

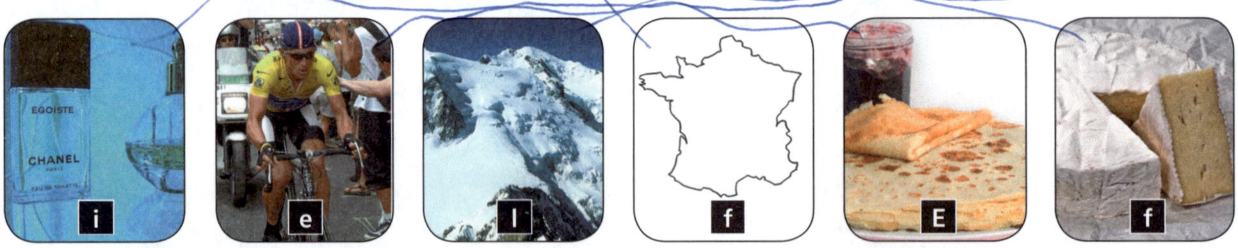

Wie heißt der Eiffelturm auf Französisch?

LA TOUR EIFFEL

Ihr könnt euch mit dieser Seite ein Memo-Spiel basteln. Klebt eine Fotokopie der Seite auf Pappe. Ihr könnt die Seite auch mit Folie überziehen. Schneidet die einzelnen Kärtchen aus. Spielt zusammen!

Üben interaktiv 4v469r

In der Übungssoftware findest du die Memo-Kärtchen zum farbigen Ausdrucken.

Vis-à-vis

3 La carte de France

Trage die Orte auf S. 6 an den richtigen Stellen ein. Die Karte auf der Innenseite des Schülerbuches dient dir als Kontrolle.

1. Paris

2. Toulouse

3. Cannes

4. Bordeaux

5. Dijon

6. Mont St. Michel

7. Le Mans

8. Strasbourg

Calais
Lille
Amiens
Cherbourg
Le Havre
Rouen
Reims
Metz
Caen
Paris
Châlons-en-Champagne
Strasbourg
Nancy
Mont-saint-michel
Brest
Chartres
Rennes
Le Mans
Lorient
Mulhouse
Angers
Orléans
Dijon
Besançon
Tours
Nantes
Bourges
Poitiers
La Rochelle
Clermont-Ferrand
Limoges
Lyon
St-Etienne
Grenoble
Bordeaux
Nîmes
Avignon
Monaco
Cannes
Toulouse
Montpellier
Bayonne
Béziers
Marseille
Perpignan

Ecouter

4 Le français et les autres langues. (Französisch und die anderen Sprachen)

6 *Wer spricht welche Sprache? Wer spricht Französisch?*

1. Name: Nikadi
Sprache: Französisch

2. Name: Anatoli
Sprache: russisch

3. Name: Hélène
Sprache: französisch

4. Name: Selda
Sprache: Türkisch

5. Name: Romano
Sprache: Italien

6. Name: Jamel
Sprache: französisch

7. Name: Vasili
Sprache: griechisch

8. Name: Céline
Sprache: französisch

Ecrire

5 Les mots et les lettres. (Wörter und Buchstaben)

A *In den folgenden Sätzen fehlen bei manchen Wörtern ein oder zwei Buchstaben. Trage sie ein.*

Beispiel: Salu t, Sarah!

- Salu ___! Je m'appelle Sarah, et t ______?
- Moi, je m'appell___ Lucie.
- Bonj______ r, Thomas. Ça va?
- Oui, ça va bi______, merci.
- A___ revoir, Thomas.

e t en oi ou u

B *Finde die einzelnen Wörter und schreibe den Satz mit den richtigen Wortabständen ab.*

Unité 1

Bonjour, Paris!

Découvertes

Chanson

1 Bonjour, Paris! (nach SB S.16)

Bonjour, Paris!
Je cherche un taxi
Comment ça va?
Depuis l'autre fois!

Je te fais un bisou
Sur les deux joues
Sur les deux rives
Maintenant j'arrive!

Tes restaurants
Sont succulents
Et tes menus
M'ont toujours plu!

Paris, au revoir!
Lave tes trottoirs
Mets un peu de rouge
Au moulin rouge!

Je quitte ton hôtel
Je me fais la belle
Les gens de mon âge
Aiment les voyages!

M + T: Gilles Floret

A *Lisez la chanson. (Lest das Lied.)*

B *Notez les mots que vous connaissez déjà avec la traduction.*
(Notiert die Wörter, die ihr schon kennt, mit der Übersetzung.)

1. un taxi → ______________________
2. un restaurant → ______________________
3. un menu → ______________________
4. un trottoir → ______________________
5. un hôtel → ______________________
6. ____________ → ____________
7. ____________ → ____________

Vis-à-vis

2 La bise (nach SB S.16)

A *Beurteile, ob sich Franzosen in den folgenden Situationen mit der „bise" begrüßen / verabschieden würden.*
Coche la bonne réponse.
(Kreuze die richtige Antwort an.)

Vis-à-vis
In Frankreich gibt man sich in der Familie und im Freundeskreis bei der Begrüßung und beim Abschied häufig eine „bise" (einen Kuss auf die Wange). Männer und Jungen begrüßen sich eher mit Handschlag oder umarmen sich.

	oui	non
1. Maries Oma verabschiedet sich von der ganzen Familie.	☒	☐
2. Maries Vater begrüßt seinen Chef.	☐	☒
3. Léo trifft seine Cousine.	☒	☐
4. Léo kauft ein Baguette beim Bäcker.	☐	☒
5. Marie verabschiedet sich nach der Schule von ihrer Freundin.	☒	☐

B *Wie begrüßt du deine Freunde. Wie verabschiedest du dich?*

Atelier A

eu de mots

3 Qui est-ce? (nach SB S. 20, Nr. 3)

Ein Freund schickt dir über sein Handy ein paar Fotos. Du fragst, wer das sein soll. Er antwortet.

Complète les dialogues. (Ergänze die Dialoge.)

– Qui ____________________ – C'est ____________________

– ____________________ est-ce? – ____________________ Léo.

____________________ ____________________

____________________ ____________________

Ecrire

Üben interaktiv ru7wu2

4 Tu t'appelles comment? (nach SB S. 20, Nr. 4)

→ En plus, Nr. 1 △

Du hast mit deiner Nachbarin / deinem Nachbarn eine kleine Szene geschrieben. Leider haben Kakaoflecken einige Stellen unleserlich gemacht. Füge die richtigen Wörter wieder ein, damit ihr die Szene spielen könnt.

A *Complète le texte.*

1. *Léo:* Salut, ____ ça va?
2. *Marie:* Ça ____ ________. Et ____ ________?
3. *Léo:* ____ ________ va ____ ________, merci.
   Tu t' ____ ________ comment?
4. *Marie:* Moi, ____ ________ m'appelle Marie. Et toi?
5. *Léo:* Moi, c' ____ ________ Léo.
   Et ____ ________ Malabar.

   Malabar: Ouah! Ouah!

toi | est | voilà | appelles | je | Ça | va | bien

B *Jouez la scène. (Spielt die Szene.)*

Atelier B

En forme

5 «un» ou «une»? (G1) (nach SB S. 22, Nr. 3)

Üben interaktiv rt5kp3

A *Cherchez et entourez les 8 mots. (Sucht und umkreist die 8 Wörter.)*
Die Wörter sind waagerecht und senkrecht versteckt.
Es sind alles Wörter, die in den Übungen 2 und 4 des Schülerbuches S. 22 vorkommen.

b	z	c	h	a	t	l	m	g	f	c
m	o	n	s	i	e	u	r	p	p	o
g	c	t	j	s	b	f	u	z	l	p
c	o	u	d	a	m	e	b	l	e	a
h	p	g	h	s	t	p	b	u	r	i
i	i	n	f	i	l	l	e	m	x	n
e	n	a	i	t	e	v	b	t	i	n
n	e	w	z	g	a	r	ç	o	n	a

STRATEGIE
un oder une? Lerne die Wörter immer mit den Artikeln! Du kannst dir die männlichen Nomen blau und die weiblichen Nomen rot notieren. Farben helfen beim Einprägen!

B *Ecris les mots avec l'article dans la maison bleue ou la maison rouge.*
(Schreibe die Wörter mit ihrem Artikel in das blaue Haus oder das rote Haus.)

chat
monsieur
copain
chien
garçon

copine
dame
fille

Stratégie

6 Joue au détective. (Spiele Buchdetektiv.) (nach SB S. 22, Nr. 3)

Bei neuen Wörtern kennst du den Artikel noch nicht.
Schlage in deinem Buch in der Liste des mots nach!
Ergänze dann den männlichen Artikel blau, den weiblichen Artikel rot.

un crayon	Bleistift
une chaise	Stuhl
une table	Tisch
un sac	Tasche

Jeu de sons

7 [ɔ̃] ou [ɑ̃] ou [ɛ̃]? (nach SB S. 23, Nr. 5)

19 Üben interaktiv u3799b

A *Ecoute. (Höre zu.)*
Streiche dann in jeder Zeile das Wort durch, das nicht den angegebenen Laut enthält.

1. [ɔ̃] Bonjour! garçon Attention! Au revoir!
2. [ɑ̃] Comment Nathan Fantastique? Pardon!
3. [ɛ̃] copain Un copine chien

B *Répète les mots de la partie A. (Sprich die Wörter von Teil A nach.)*

C *Chantez. (Singt.)*

Sur le pont d'Avignon

1.
Sur le pont d'Avignon,
On y danse, on y danse,
Sur le pont d'Avignon
On y danse tout en rond.
Les belles dames font
comme ça
Et puis encore comme ça.
Sur le pont d'Avignon,
On y danse, on y danse,
Sur le pont d'Avignon
On y danse tout en rond.

2.
Sur le pont d'Avignon,
On y danse, on y danse,
Sur le pont d'Avignon
On y danse tout en rond.
Les messieurs font
comme ça
Et puis encore comme ça.
Sur le pont d'Avignon,
On y danse, on y danse,
Sur le pont d'Avignon
On y danse tout en rond.

Les mots et les lettres

8 [ɔ̃] ou [ɑ̃] ou [ɛ̃]? (nach SB S. 23, Nr. 5)

→ En plus, Nr. 3 △

Complète les mots. (Vervollständige die Wörter.)

STRATEGIE
Die Lautschrift ist ein toller Geheimcode. Wenn du ihn knacken kannst, findest du im Vokabular deines Buches ganz leicht heraus, wie ein Wort gesprochen wird – auch wenn der Laut durch verschiedene Buchstaben wiedergegeben wird.

[ɔ̃] b [o] [n] jour — [ɔ̃] attenti [ ] [ ] — [ɔ̃] n [ ] [ ] — [ɔ̃] pard [ ] [ ] — [ɔ̃] garç [ ] [ ]

[ɑ̃] Nath [a] [n] — [ɑ̃] f [ ] [ ] tastique — [ɑ̃] comm [ ] [ ] [ ]

[ɛ̃] [u] [n] — [ɛ̃] Valent [ ] [ ] — [ɛ̃] chi [ ] [ ] — [ɛ̃] cop [ ] [ ] [ ] — [ɛ̃] vi [ ] [ ] [ ]

En forme

9 je suis, tu es, il/elle est (G 2) (nach SB S. 23, Nr. 6)

→ En plus, Nr. 2 △

Üben interaktiv r34b47

A *Ersetze die Vornamen in den Häusern durch **il** oder **elle**.*
Ecris il en bleu ou elle en rouge sur le toit.
(Schreibe il in Blau oder elle in Rot auf das Dach.)

je suis
tu es
il
elle – est
c'

IL	________	________	________	________	________
Léo est de Paris.	**Marie** est à Paris.	**Joséphine** est de Paris.	**Gabriel** est à Nice.	**Clément** est de Toulouse.	**Léa** est de Strasbourg.

B *Ecris le dialogue. (Schreibe den Dialog, indem du die jeweilige Form von «être» bzw. das passende Personalpronomen einsetzt.)*

Clément: Salut. Je m'appelle Clément. Je suis de Toulouse.

________ es aussi de Toulouse?

Léa: Non, ________ ________ de Strasbourg. Je m'appelle Léa.

Et le chat, qui ________ -ce?

Clément: C'________ Filou, ________ est super!

Filou, ________ est Léa; ________ est de Strasbourg.

Léa: Bonjour Filou, tu ________ un chat acrobate, c'________ super!

Les mots et les lettres

10 Petites différences (Kleine Unterschiede) (nach SB S. 23, Nr. 6)

→ En plus, Nr. 3 △

Achte beim Schreiben auf kleine, aber wichtige Unterschiede.

A *«Qui» ou «Oui»? Ecris le mot correct. (Schreibe das richtige Wort.)*

Oui Qui

– Ça va, toi? – Qui ________, ça va bien.

– Qui ________ est-ce? – C'est Valentin.

– Qui ________ est Valentin? C'est un copain?

– Qui ________

B *«et» ou «es» ou «est»?*

et es est

Voilà Léo et ________ Marie.

– Tu es ________ d'ici, Marie? – Oui.

– C' est ________ super! Et ________ toi,

Moustique, tu es ________ mon copain?

Ecrire

11 Bonjour! Ça va? (nach SB S. 23, Nr. 7)

Eine Schülerzeitschrift hat Marie um ein Interview gebeten, um sie kennenzulernen. Hier liest du Maries Antworten.

Üben interaktiv ai6eu9

Imagine les questions du journaliste. (Stell dir vor, was / wonach der Journalist fragt.)

Bonjour

Marie: Bonjour.

Tu t'appelles comment ?

Marie: Je m'appelle Marie.

Ça va ?

Marie: Ça va bien, merci.

Tu es de Paris

Marie: Oui, je suis de Paris.

Moustique, qui est-ce ?

Marie: Moustique, c'est un chien.

Au revoir, Marie.

Marie: Au revoir.

Au revoir, Marie.

Tu t'appelles comment?

Moustique, qui est-ce?

Bonjour.

Ça va?

Tu es de Paris?

Jeu de mots

12 Cherche l'intrus. (Suche den Eindringling.) (nach SB S. 23, Nr. 8)

→ En plus, Nr. 4 △

A *Dein kleiner Bruder will die Kisten zunageln. Das geht aber erst, wenn aus jeder Kiste das unpassende Wort entfernt ist. Welches Wort ist in jeder Kiste zu viel? Barre ce mot. (Streiche dieses Wort durch.)*

PORTFOLIO

B *Schreibe ein kleines Gedicht mit den Wörtern aus dieser Übung. Benutze die Wortliste aus dem Schülerbuch. Füge das Blatt deiner Portfolio-Sammlung hinzu.*

Voilà un chien
Il s'appelle Moustique,
C'est un copain
Un chien fantastique!

Pratique: tâches

Ecouter et regarder

13 Bonjour et au revoir! (nach SB S. 24, Nr. 1)

A *Avant l'écoute (Vor dem Hören): Betrachte die Bilder. Was vermutest du? Kreuze an, ob es sich um eine Begrüßung oder Verabschiedung handelt.*

21 **B** *Après l'écoute (Nach dem Hören): Höre die Szenen an. Kreuze an, ob es sich um eine Begrüßung oder Verabschiedung handelt. Du kannst auf der DVD die 3 Szenen auch als Video anschauen.*

1
2
3

		Begrüßung	Verabschiedung
1. a	Vor dem Hören:	X	
b	Nach dem Hören:	X	
2. a	Vor dem Hören:		X
b	Nach dem Hören:		X
3. a	Vor dem Hören:	X	
b	Nach dem Hören:	X	

STRATEGIE

Stimmen deine Ergebnisse von a und b überein? Das ist toll! Daran siehst du: Wenn du Französisch hörst, ist es normal, dass du nicht alles verstehst. Dennoch kannst du vieles herausfinden. Schau dir die Situation an. Dein Auge hilft!

Parler

14 Ça va? (nach SB S. 24, Nr. 2)

A *Du musst zum ersten Mal zwischen einer deutschen Freundin und einem französischen Freund dolmetschen. Ecrivez.*

B *Jouez la scène.*

La copine allemande	**Toi**	**Le copain français**
– Guten Tag, ich bin die Katarina. Und du?		– Bonjour! Moi, je m'appelle Jamel.
– Bist du aus Paris?		– Oui, de Paris. Et toi?
– Ich bin aus Stuttgart. Wie geht es dir?		– Bof! Et toi?
– Mir geht es gut! Danke.		– Très bien. Alors salut et merci! sehr gut

Lire

15 Des enseignes (Schilder) (nach SB S. 25, Nr. 3)

→ En plus, Nr. 5 △

Üben interaktiv 6t4qe2

Du bist mit deinen Eltern in Frankreich. Ihr erlebt die folgenden Situationen.

A *Coche la bonne réponse. (Kreuze die richtige Antwort an.)*

Situation A: Ihr möchtet eine deutsche Zeitung kaufen. Wohin geht ihr?

[X] 

[ ] 

[ ] 

Situation B: Dein Vater möchte Geld abheben. Wohin geht ihr?

[ ] 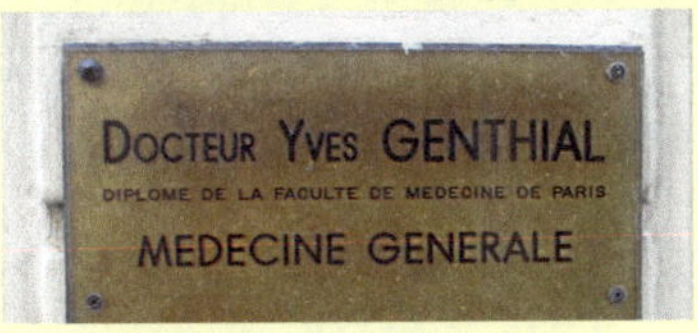

[ ] 

[X] 

B Médiation: *Deine Eltern können kein Französisch. Erkläre ihnen deine Wahl.*

STRATEGIE

Wenn du Französisch liest, ist es normal, dass du nicht alles verstehst. Dennoch kannst du vieles herausfinden, da die Situation vieles erklärt.

Du verstehst viele Wörter, weil es im Deutschen oder in anderen dir bekannten Sprachen ähnliche Wörter gibt.

Ecrire

16 Une présentation (Eine Vorstellung) (vor, statt oder nach SB S. 25, Nr. 4)

Üben interaktiv cf583b

Für einen Austausch mit einer französischen Schule / einer französischen Klasse gestaltest du einen Bogen, auf dem du dich vorstellst.

1 Hier klebst du ein Bild von dir ein.	______ ______ ______	*Begrüße. Frage, wie es geht. Stelle dich vor. Sage, aus welchem Ort du bist.*
2 Hier klebst du ein Bild von deiner Freundin / deinem Freund ein.	______ ______ ______	*Stelle eine Freundin / einen Freund mit Namen vor. Schreibe, woher sie / er (auch) ist.*
3 Hier klebst du ein Bild von deinem Haustier ein.	______ ______ ______	*Stelle dein Haustier vor. Schreibe, wie es ist. (Toll. / Fantastisch. / Seltsam.)*
4 ?	______ ______	*Frage, wie deine Partnerin / dein Partner heißt. Verabschiede dich.*

Überprüfe, was du kannst!
geht so ← ● → klappt noch nicht
● → prima
Im Cahier darfst du die Ampel ankreuzen. Vergleiche deine Lösungen mit den Lösungen auf Seite 98.

Bilan

1 Parler et écrire (nach SB S. 26, Nr. 1)

→ En plus, Nr. 1 △, 3 △, 4 △

Ich kann sagen, wie ich heiße, woher ich komme, meine Freunde und mein Lieblingstier vorstellen. Wie würde sich Léo vorstellen?

Üben interaktiv 93jq3q

Complète le texte avec les mots donnés. (Ergänze den Text mit den vorgegebenen Wörtern.)

aussi est Je m'appelle de Paris revoir voilà vite une va

Bonjour. Ça ________ bien? Je ________________ Léo  .

________ suis ________ Paris. Voilà Marie,  ____________ copine.

Elle est ____________ de ____________  . Et ____________ Malabar  .

Viens ____________ Malabar! Ah, il ____________ fantastique. Au ____________ !

2 Lire (nach SB S. 26, Nr. 2)

→ En plus, Nr. 5, △

Ich kann manchmal verstehen, worum es geht, wenn ich eine französische Beschriftung lese.

Üben interaktiv 75v6my

Coche la bonne réponse. (Kreuze die richtige Antwort an.)

1. Wo kann ich Bananen kaufen? ☐ a ☐ b
2. Wo kann ich einen Film ansehen? ☐ a ☐ b

a

b

3 Ecouter et regarder (nach SB S. 26, Nr. 2)

Ich kann manchmal verstehen, worum es geht, wenn ich eine Szene höre oder sehe.

22

Üben interaktiv 9wb2bk

Ecoute les trois scènes, puis coche la bonne réponse. (Höre die drei Szenen an, kreuze dann die richtige Antwort an.)

1. Welche Szene entspricht der Abbildung? ☐ a ☐ b ☐ c
2. Handelt es sich um ☐ eine Begrüßung? ☐ eine Verabschiedung?

4 En forme (nach SB S. 26, Nr. 3)

→ En plus, Nr. 2 △

A Ich kann den unbestimmten Artikel ***un*** und ***une*** verwenden.

Üben interaktiv jc8tq9

Voilà **1.** ________ chat, **2.** ________ fille, **3.** ________ garçon,

4. ________ dame et **5.** ________ monsieur.

B Ich kann das Verb ***être*** und die Personalpronomen im Singular verwenden.

1. – Tu ________ Marie? **2.** – Non, moi, c'________ Laila.

3. – Tu ________ de Toulouse? **4.** – Non, je ________ de Strasbourg.

5. – Clément ________ de Brest? **6.** – Non, ________ de Nice. Et moi, ________ de Paris.

En plus: différenciation

In En plus kannst du noch mehr üben.
Aufgaben mit △ sind eher einfach,
Aufgaben mit ▲ schwieriger.
Mit den Lösungen auf S. 98 kannst du dich selbst kontrollieren.

Les mots et les lettres

1 Apostrophe, cédille, accent

△ *Male die Wörter mit ihren Sonderzeichen nach. Schreibe dann selbst die Wörter daneben. Achte dabei besonders auf die Sonderzeichen.*

l'apostrophe	c'est		l'accent aigu	Léo	
la cédille	ça		l'accent grave	voilà	

Jeu de mots

2 Noms, verbes, pronoms, articles

△ **A** *Unterstreiche die Wörter im Wortsalat: Nomen grün, Verben orange, Personalpronomen gelb, Artikel männlich blau, Artikel weiblich rot.*

tu chat je chien copine il elle es une un viens suis être garçon

B *Schreibe diese 14 Wörter in die 4 Wortartenkisten. Notiere zu den Nomen immer den unbestimmten Artikel.*

Nomen	Verben	Personalpronomen	Artikel

Ecouter et écrire

3 Dictée à deux (Partnerdiktat)

Du wählst 5 Sätze aus den Texten der Unité 1 und schreibst sie auf Kärtchen. Dann wählst du dir einen Partner, dem du diese 5 Sätze diktierst. Tauscht dann die Rollen.

Les mots et les lettres

4 Miroirs (Spiegelbilder)

△ **A** *Verbinde die Wörter mit ihren Spiegelbildern, schreibe dann die Wörter (mit ihren Ausrufezeichen).*

Attention!
Vite!
Non!
Pardon!
Bizarre!
Oui!
Au revoir!
Bonjour!
Merci!

Bizarre! Vite!
Attention!
Non! Pardon!
Oui! Au revoir!
Bonjour! Merci!

Non!

B *Erkläre, in welcher Situation man die Wörter jeweils benutzen könnte.*

Lire

5 Une affiche (Ein Plakat)

Joue au détective. (Spiele Textdetektiv.)

Was kannst du herausfinden?
Coche la bonne réponse.

1. Wozu will das Plakat auffordern?

- [ ] Hunde immer an der Leine zu führen
- [ ] Hunde aus einem Tierheim aufzunehmen
- [ ] Hunde regelmäßig vom Tierarzt untersuchen zu lassen

Welches Wort hat dich auf die Spur gebracht?

2. Was findet am 2. und 3. September statt?

- [ ] Untersuchungstermine beim Tierarzt
- [ ] Kontrolle des Tierschutzvereins im Tierheim
- [ ] Tage der offenen Tür im Tierheim

Was hat dich auf die Spur gebracht?

3. Welche Informationen kannst du dem Plakat noch entnehmen?

THEATRE

6 Nous faisons du théâtre. (Wir spielen Theater.)

Schreibt Szenen für kleine Theaterstücke, die ihr im Laufe des Jahres vor Publikum aufführt. Ihr könnt den Inhalt frei erfinden.
Vielleicht gefällt euch aber auch die folgende Idee:

Mehr dazu m6m6uq

Paris: Eine große Bahnhofshalle voller Menschen. Sie warten, werden abgeholt, begrüßen sich oder hasten durch die Halle. Auch Lisa wartet. Sie zieht mit ihren Eltern von Deutschland nach Paris. Eine Nachbarin soll sie abholen, aber die beiden kennen sich noch nicht. Die Frau, die auf Lisa zuläuft, ist es nicht. Sie holt ihren Sohn ab, der neben Lisa steht. Als die Nachbarin endlich kommt, begrüßt sie ein fremdes Mädchen, das sie für Lisa hält. Lisa bekommt die Verwechslung mit und stellt sich der Nachbarin vor.

Hier noch einige praktische Tipps:

T rau dich! Beim Ausprobieren gibt es kein Richtig oder Falsch. Das Wichtigste ist, es einfach zu versuchen!
H elft euch! Der Partner weiß nicht weiter? Helft euch gegenseitig, nur als Team seid ihr stark!
E infälle Sammelt alle Einfälle, probiert sie aus und entscheidet dann, welche ihr nehmen wollt.
A ufteilen! Der eine spielt gerne, der andere kann prima zeichnen und Kostüme entwerfen. Verteilt alle Aufgaben unter euch.
T esten! Spielt eure Szene den anderen Schülern und der Lehrerin vor und lasst euch sagen, was noch nicht stimmt.
R uhe! Aber nur mit der Ruhe, wenn es nicht gleich klappt. Dazu gehört auch Text lernen und seinen „Typ" finden.
E rfolg! Am Ende habt ihr ein tolles Theaterstück und könnt euch prima auf Französisch unterhalten!

Unité 2

Copain, copine

Découvertes

Chanson

1 Rue de la Chine (nach SB S. 28)

Rue de la Chine

Copain, copine, bienvenue rue de la Chine!

Bonjour le chien, salut Pékin!
Ni hao copain! Toi, ça va bien?
Voilà Yao Lin, c'est ma[1] copine
Dans ta[2] cuisine, c'est comme en Chine.

Copain, copine, bienvenue rue de la Chine!

Bienvenue Moustique, dans ma boutique!
Tu aimes aussi les nems, les sushi?
Voici des mangues et des litchis
Au revoir, merci, bon appétit!

M+T: Gilles Floret

A *Lisez la chanson.*

PORTFOLIO

B *Jetzt bist du dran. Schreibe selber eine neue Strophe, in der du einen Freund oder eine Freundin präsentierst.*

C *Lies anschließend deinen Song der Klasse vor. Benutze dabei die unterstrichenen Ausdrücke.*

Exemples: Rue Saint-Martin, – Salut, Romain! Comment ça va? – Voilà Thomas C'est un copain. – Salut, Alain!

Vis-à-vis

2 La France et ton pays (Frankreich und dein Land) (nach SB S. 28)

Üben interaktiv 3r32dc

Kennst du folgende Flüsse, Berge oder Städte?
le Rhin – la Loire – le Mont-Blanc – le Zugspitze
Marseille – Paris – Vienne – Berlin
Versuch sie auf der Karte auf der nächsten Seite zu finden. Trage dann in der Tabelle rechts die passenden Begriffe hinter den Ziffern ein und ergänze die dazugehörigen Buchstaben; diese findest du in den Ecken der Bilder.
Die Buchstaben ergeben von oben nach unten gelesen den Namen einer französischen Stadt, die nah am Atlantik liegt. Zeichne diese auf der Karte ein.

Zeichne auch den Ort, in dem du lebst, auf der Karte ein. Falls der Ort auch einen französischen Namen hat, schreibe ihn auf.

1	Paris	B
2	Berlin	O
3	Marseille	R
4	Vienne	d
5	la Loire	e
6	le Rhin	a
7	le Mont Blanc	U
8	le Zugspitze	X

1 ma meine **2 ta** die

Vis-à-vis

Wusstet ihr schon? Paris ist eine sehr alte Stadt. Sie ist über 2000 Jahre alt. Es gab sie schon unter den Römern und hieß damals Lutèce (Lutetia). Berlin ist dagegen noch ziemlich jung, die Stadt gibt es erst seit 800 Jahren.

Atelier A

Approche

3 Les verbes en *-er* (singulier) (nach SB S. 30, Nr. 2)

40

A *Ecoute et lis le texte.*
(Höre und lies den Text.)

Dans une librairie.
Marie: Salut, Léo!
Léo: Salut, Marie! … Je cherche une BD.
Marie: Tu cherches Astérix?
Léo: Oui. On cherche ensemble? Viens!
Marie: Super! J'arrive!

Chercher und **arriver** gehören zu den Verben, die im Infinitiv auf **-er** enden.
Spiele Textdetektiv:
1. Höre den Text an. Was fällt dir bei der Aussprache der Verbformen auf?
2. Schau den Text an. Was fällt dir bei tu auf?
3. Was fällt dir bei arriver auf?

Die Lösungen stehen unten.

B *Ecris les formes de «**chercher**». (Schreibe die Formen von **chercher**.)*

ich	je	______
du	tu	______
er	il	
sie	elle	______
man	on	

Setz beim Verb ein **-s** bei ***tu***, das kostet wirklich keine Müh!

eu de mots

4 Qu'est-ce que c'est? / Qui est-ce? (nach SB S. 32, Nr. 6)

Üben interaktiv ta5w5d

A *Devinez. (Ratet.)*
Spielt zu zweit.

- ***A** sucht sich einen Gegenstand, eine Person oder ein Tier aus dem Kasten aus, ohne darauf zu zeigen.*
- *Dann versucht **A** mit Gesten auszudrücken, worum es sich handelt und fragt passend **Qu'est-ce que c'est?** oder **Qui est-ce?***
- ***B** muss erraten, um was es sich handelt (C'est …?).*
- *Wechselt euch nach jedem Wort ab.*

B *Ecris les lettres et les mots dans le bon ordre.*
(Schreibe die Buchstaben und Wörter in der richtigen Reihenfolge auf.)

iuQ tse-ec ? – C'tse euqitsuoM. Qui est-ce? ______

uQ'tse-ec euq c'tse ? – C'tse enu emmog. ______
______

tse'c euq ec-tse'uQ ? – olyts nu tse'C. ______
______

ec-tse iuQ ? – rabalaM tse'C. ______
______

1. Die Endungen werden nicht ausgesprochen.
2. Die Form zu **tu** wird mit **-s** am Ende geschrieben.
3. Vor Vokal wird **je** zu **j'**.

En forme

5 le / la / l' (G 3) (nach SB S. 32, Nr. 6)

Üben interaktiv 6vu3mp

TIPP

Um dir zu merken, ob Wörter männlich oder weiblich sind, lerne diese immer mit dem unbestimmten Artikel **un** oder **une**.

A *Masculin (♂) ou féminin (♀)? Dessine le bon symbole.*
(Männlich oder weiblich? Trage das richtige Symbol ein.)

cahier ___	amie ___	magasin ___	stylo ___
livre ___	ami ___	école ___	affiche ___
journal ___	BD ___	rue ___	gomme ___

B *Ecris les noms avec l'article défini dans la maison bleue, la maison rouge ou la maison noire.*
(Schreibe die Nomen mit dem bestimmten Artikel in das passende blaue, rote oder schwarze Haus.)

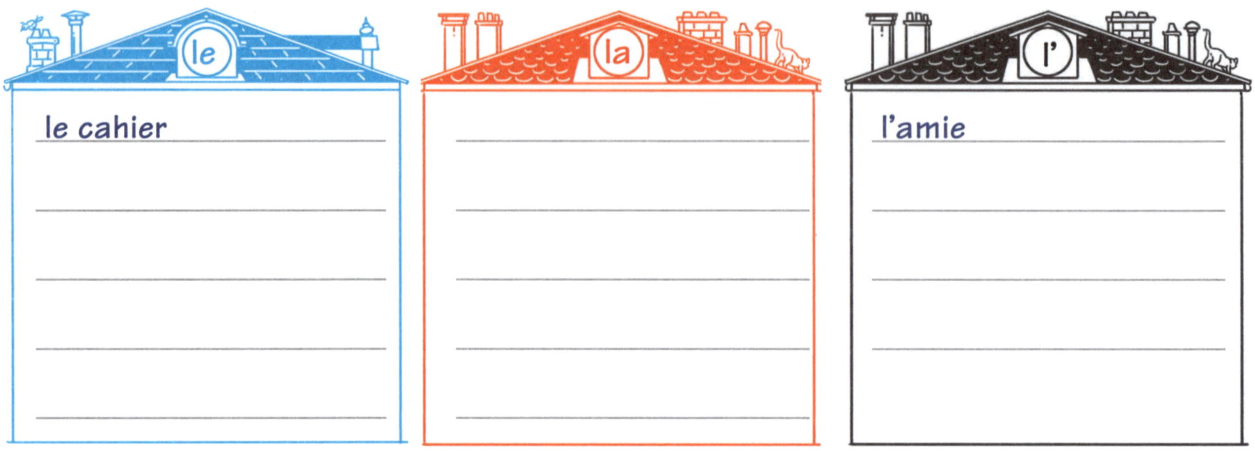

En forme

6 un / une / le / la / l' (G 3) (nach SB S. 32, Nr. 6)

→ En plus, Nr. 7 △

A *Moustique hat im Text Spuren hinterlassen.*
Complète le texte avec un, une, le, la ou l'.

1. Léo entre dans le magasin de Mme Latière.
2. Il cherche Malabar. C'est ___ chien. C'est ___ chien de Léo.
3. Mme Latière est ___ grand-mère d'Alex.
4. Alex est ___ fille. Elle est dans ___ magasin et travaille pour ___ école.
5. ___ ami de Malabar, c'est Mélimélo. Mélimélo est ___ chat.

B *Jouez à quatre. (Spielt zu viert.)*
Ihr packt einen Koffer voller Wörter mit dem bestimmten Artikel. Es wird im Uhrzeigersinn gespielt. Wer die Reihe nicht richtig wiedergibt, scheidet aus.

Exemple:
A: *Je prends (Ich nehme) le journal.*
B: *Je prends le journal et le stylo.*
C: *Je prends le journal, le stylo et …*

Stratégie

7 Joue au détective. (Spiele Buchdetektiv.) (nach SB S. 32, Nr. 6)

Bei manchen Wörtern in der Liste des mots (S. 189) stehen nach Nomen die Buchstaben (m.) und (f.) in Klammern. Daran kannst du erkennen, ob das Nomen männlich oder weiblich ist. Diese Buchstaben helfen dir also, wenn du das Genus (= grammatisches Geschlecht) nicht am Artikel erkennen kannst. Schlage in deinem Buch in der Liste des mots nach. Umkreise dann die folgenden Wörter blau, wenn sie männlich und rot, wenn sie weiblich sind.

âge Internet avril lundi eau maman vacances

En forme

8 Tu écoutes? (nach SB S. 30, Nr. 2)

→ En plus, Nr. 3△

A *Complète le tableau. (Ergänze die Tabelle.)*

	Exemple: parler	je parle	tu parles	il parle
finden	trouver	je trouve	tu trouves	elle trouve
hören	écouter	j' écoute	tu écoutes	on écoute
mitbringen	porter / tragen	je porte	tu portes	il porte
eingehen	entrer	j' entre	tu entres	elle entre

B *Complète les bulles. (Ergänze die Sprechblasen.)*
Verwende die Verben ***chercher, arriver, travailler*** *(2x),* ***regarder.***

1 2 3

4 5

6 *A toi! Invente un dessin et une bulle. (Du bist dran. Erfinde eine Zeichnung und eine Sprechblase.)*

Moustique hat sich im Laden versteckt. Findest du ihn?

Die Bindung mit **[z]** ist bei den Verben wichtig. Bei den Verben, die mit Vokal oder stummem h beginnen, kann man beim Hören nur an der Bindung erkennen, ob ***il/elle*** oder ***ils/elles*** gemeint ist.

Atelier B

Jeu de sons

9 La liaison (Die Bindung) (nach SB S. 35, Nr. 4)

41 **A** *Ecoute. Notiere die Bindungen des "s", die du hörst.*

Üben interaktiv 5m5s85

1. Vous‿écoutez la chanson?
2. Vous travaillez où?
3. Nous‿aimons le sport.
4. Nous détestons la musique.
5. Vous‿êtes M. Pirou?
6. Il arrive dans le magasin.
7. Ils‿arrivent devant le magasin.
8. Elles‿habitent à Paris.
9. Elle habite à Nice.
10. Ils sont dans la maison de la presse.

B *Lis les phrases de la partie a. Fais bien attention à la liaison. (Lies die Sätze von Teil A. Achte gut auf die Bindung.)*

42 ***Vire-langue*** *(Zungenbrecher)*
Mit dem folgenden Zungenbrecher kannst du gut den Unterschied zwischen dem stimmlosen „Schlangen-s" und dem stimmhaften „Bienen-s" üben.
Ecoute et répète.

Six chats et cinq chiens entrent dans un magasin.

En forme

10 être (G 4) (vor SB S. 35, Nr. 5)

Üben interaktiv 9am4zx

A *Cherche les consonnes qui manquent. (Suche die fehlenden Konsonanten.)*

Nous	Je	On	Ils	Vous	Tu
s O m m E s	s U I s	E s t	s O n t	Ê t E s	E s

B *Bringe die Wörter in die richtige Reihenfolge und ergänze die passende Form von «être».*

1. avec / dans / rue / la / Malabar. / Léo — Léo est dans la rue avec Malabar.
2. là! / Ah, / tu — Ah, tu es là!
3. et / Pierre / Paul / l'école. / à — ________
4. Toi / ici. / moi, / nous / et — ________
5. frère / Vous / sœur? / et — Vous êtes et frère de sœur?
6. sœur / la / Jérôme. / de / Je — Je sœur de la Jérôme.

En forme

11 Les verbes en *-er* (G 5) (nach SB S. 36, Nr. 6)

→ En plus, Nr. 2 △

43 **A** *Complète les formes du verbe **«regarder»**. (Ergänze die Formen des Verbs **regarder**.) Höre die Sätze an und sprich sie rhythmisch nach. Was fällt dir auf?*

Üben interaktiv 52bt8z

Je regard regarde Lucie.
Tu regard es Marie.
Il regard e Louise.

Elle regard e Elise.
Nous regardons Clément.
Vous regardez Nathan.

Ils regard ent Sarah.
Elles regard ent Thomas.

B *In diesem Text fehlen manche* Personalpronomen *und manche* Verben. *Complète le texte.*

1. – Léo et Marie parlent avec Mme Latière? – Oui, et ils parlent aussi avec Alex. **2.** – Tu habites ici, Alex? – Non, j' habite rue Nollet.
3. Et vous, vous habitez où? – nous habitons rue Truffaut. **4.** – Qu'est-ce que vous cherchez – On cherche Mélimélo.
5. Et voilà Mme Latière. Elle porte un carton. Mme Latière: «Où est l'affiche?»
6. Mme Latière et Alex cherchent l'affiche. Ils trouvent l'affiche dans le carton … avec Mélimélo, le chat.
7. Mme Latière: «Ah, non! Un chat dans le carton! Je déteste ça.»

parler	sprechen
habiter	
habiter	
chercher	
porter	
chercher	
trouver	finden
détester	hassen

Ecrire

12 Poser des questions (Fragen stellen) (G 6) (nach SB S. 36, Nr. 9)

Üben interaktiv h9m3ki

Léo chattet im Internet.
Complète les questions. Pense à la ponctuation. Puis lisez le dialogue à deux.
(Ergänze die Fragen. Verwende Fragewörter und denk an die Satzzeichen. Lest dann den Dialog zu zweit.)

1. Tu t'appelles comment? – Je m'appelle Léo.
2. Tu habites où ? – J'habite rue Truffaut.
3. Qu'est-ce que tu aimes ? – J'aime le sport. Et j'aime bien Marie.
4. Marie? Qui est-ce ? – C'est une copine. Elle est sympa.
5. Où est Marie ? – Elle est à la maison.
6. Que fait Marie? – Elle travaille pour (FÜR) l'école (A). Avec (MIT) Moustique!
7. Et qui est Moustique? – C'est le «toutou» de Marie.
8. «Le toutou»? Qu'est-ce que c'est ? – C'est le chien. Moustique est le chien de Marie!

Pratique: tâches

Lire

13 Quel programme! (nach SB S. 37, Nr. 1)

→ En plus, Nr. 4 △

Üben interaktiv n5w9id

Was für ein Programm! Du verbringst drei Wochen mit deiner Austauschpartnerin/deinem Austauschpartner in einem Stadtviertel von Paris. Ihr möchtet einen „Schnupperkurs" machen. Welcher interessiert euch?

Lis les annonces et écris la bonne réponse.

Situation A:
Ihr interessiert euch für Kampfsportarten.
Wo geht ihr hin?

→ Anzeige-Nr. ____

Situation B:
Ihr interessiert euch für klassische Musik.
Wo geht ihr hin?

→ Anzeige-Nr. ____

Situation C:
Ihr interessiert euch für Breakdance. Wo geht ihr hin?

→ Anzeige-Nr. ____

Situation D:
Ihr interessiert euch für Kunst.
Wo geht ihr hin?

→ Anzeige-Nr. ____

sport · musique · culture

1 **CENTRE NATIONAL DE THEATRE (CNT)**
Vous aimez le théâtre de rue? Vous aimez les projets culturels?
Infos: www.cent.asso.fr 2.

2 **ACADEMIE DU 17e** Regardez notre programme! Nous proposons des cours de claquettes, valse, hip-hop, pop, danse classique et moderne.
Téléphonez au: 01 48 85 73 81

3 **ASSOCIATION POUR LES ARTS MARTIAUX**
Vous êtes sportifs? Cours de judo, self défense, taekwondo, etc.
Envoyez un mail à:
agamclub@wanadoo.fr

4 **CERCLE SPORTIF DE GYMNASTIQUE** musculation et gymnastique dynamique, yoga.
10 cours au choix. Regardez notre site: www.gym.fr

5 **GALERIE «ART ET DESIGN»**
Regardez notre galerie: vernissages, expositions, sculptures, peintures, activités artistiques.
Tel: 01 49 27 30 26

6 **CONSERVATOIRE DE MUSIQUE**
Groupe choral, orchestre, jazz, etc.
Instruments: piano, clarinette, flûte, guitare, saxophone, trompette, violon, orgue.
E-mail: cdmparis17@libertysurf.fr

STRATEGIE

Das fandest du leicht? Prima! Wenn du ein ganz bestimmtes Leseziel hast, brauchst du nur die Schlüsselinformationen zu finden. Da stören die vielen unbekannten Wörter überhaupt nicht.

Parler

14 Ni oui ni non! (Weder ja noch nein!) (nach SB S. 37, Nr. 2)

Jouez à deux. *(Spielt zu zweit.)*
Du triffst in Frankreich ein Mädchen / einen Jungen. Ihr begrüßt euch.
Du willst so viel wie möglich über sie / ihn herausfinden, deshalb stellst du ganz viele Fragen. Aber es soll ein Spiel sein:
Das Mädchen / Der Junge darf in diesem Spiel in den Antworten weder Oui noch Non verwenden.
Du versuchst natürlich, sie / ihn „aufs Glatteis" zu führen.
Wie schnell gelingt dir das? Wenn du es geschafft hast, verabschiedet ihr euch.
Wechselt dann die Rollen.

Qu'est-ce que tu aimes?
Bonjour!
Tu habites à Nice?
Salut!
Tu t'appelles comment?
Ça va?
Tu es l'ami de Moustique?
Au revoir!
Tu détestes la musique?
Tu aimes le foot?

Lire et écrire

15 Moi (nach SB S. 38, Nr. 3)

Üben interaktiv 748v7b

A *Léa hat in ihrer Schule einen Aushang gemacht.*
Lis le texte. *(Lies den Text.)*

PORTFOLIO

B *Maintenant, écris un texte sur toi.*
(Schreibe nun einen Text über dich.)
Übertrage ihn in schöner Schrift auf ein DIN-A4-Blatt. Füge Fotos von dir, deiner Familie, deiner Schule, deiner Stadt hinzu und hefte das Blatt in deinem Portfolio-Ordner ab.)

Salut!
Je m'appelle Léa.
J'habite à Marseille, rue Pasteur.

☺ J'aime l'école, le foot et le rock.
☹ Mais attention: je déteste le rap.

(lea@laposte.fr)

Ecouter et regarder

16 Qui est-ce? (nach SB S. 38, Nr. 4)

→ En plus, Nr. 5 △

44 *Du kennst eine Internetseite, auf der sich junge Franzosen in einem Video vorstellen. Du suchst jemanden, der sich für Fahrradfahren begeistert. Nur das interessiert dich zunächst.*

A *Ecoute les documents. (Höre die Tondokumente an.) Du kannst auf der DVD die 4 Szenen auch als Video anschauen.*

In welchem Tondokument spricht jemand über das Fahrradfahren?

Document 1 ☐ **Document 2** ☐

Document 3 ☐ **Document 4** ☐

TIPP

Auch das war nicht schwer. Wenn du etwas Bestimmtes heraushören willst, brauchst du dich nur hierauf zu konzentrieren.

B *Aber du hast sicher noch mehr verstanden:* ***Lis les informations.*** *(Lies die Informationen.)*

Fanny
Lorient
Elle aime le rap et la musique classique

Darissa
Lorient
Elle aime le foot et déteste la musique classique

Rémi
Paris
Il aime le foot et le rugby

Chadi
Paris
Il aime la musique pop et déteste le rugby

Ecoute les documents encore une fois et note qui parle.
(Höre dir die Tondokumente noch einmal an und notiere, wer spricht.)

Qui est-ce?

Document 1 ____________ Document 3 ____________

Document 2 ____________ Document 4 ____________

Bilan

1 Parler et écrire (nach SB S. 39, Nr. 1)

→ En plus, Nr. 1 △

Ich kann sagen, wie ich heiße, wo ich wohne, was ich mag und was ich nicht mag.

Du triffst ein Mädchen und fragst, wie es heißt. ____________________

Üben interaktiv z2z82e

Sie sagt, dass sie Fatou heißt. ____________________

Du fragst sie, wo sie wohnt. ____________________

Sie antwortet, dass sie in Lyon wohnt. ____________________

Du fragst sie, ob sie Rockmusik mag. ____________________

Sie antwortet, dass sie Rockmusik hasst. ____________________

2 Lire, écouter et regarder (nach SB S. 39, Nr. 2)

→ En plus, Nr. *4, **5

Ich kann beim Lesen und Hören ganz bestimmte Informationen herausfinden.
Hier jeweils zwei Dokumente zum Lesen und Hören.

Wer interessiert sich für Kino?

45 Name der Person: ____________________

Wohin könnt ihr gehen, um dieses Hobby auszuüben?

Name der Straße: ____________________

Welcher Klub bietet Schauspielunterricht an?

Name des Klubs: ____________________

Üben interaktiv 6q6w83

Du kannst auf der DVD die zwei Vorstellungen auch als Video anschauen.

INTERCLUB
32 rue Brunel
75017 Paris
Visites, organisation de camps d'adolescents à la Clusaz, club photo, club cinéma.

LES BATIGNOLLES DE L'AURORE
4 rue Lebouteux, 75017 Paris
www.lescomediens.org
Expression artistique par la création théâtrale.
Cours de théâtre le samedi après-midi.

3 En forme (nach SB S. 40, Nr. 5)

→ En plus, Nr. 2, 3, 6 △, 7

A Ich kann den unbestimmten Artikel *le, l', la* verwenden.

_____ chat **Mélimélo** entre dans _____ maison de la presse. Il cherche Moustique, _____ ami de Malabar.

Üben interaktiv h59jd7

B Ich kann das Verb *être* und die Personalpronomen verwenden.

1. – Vous _________ de Bonn? **2.** – Non, nous _____________ de Berlin. **3.** – Et là, qui _________ -ce?

4. – Isabelle et Florian. _________ _________ super! **5.** – _________ suis le copain de Florian.

C Ich kann die Verben auf *-er* verwenden. Ergänze die fehlenden Personalpronomen und Endungen.

1. – Tu habit_______ à Nice? – Oui, _______ habit_______ à Nice. **2.** – Marie et Fanny

travaill_________? – Non, _________ regard_________ une BD. **3.** – _________ entrez?

– Oui, nous entr_________. On arriv_________.

Die Lösungen findest du auf S. 99.

En plus: différenciation

Stratégie

1 Ecrire à l'aveugle (Blindes Schreiben)

△ *Mit der Technik des „Blinden Schreibens" kannst du die richtige Schreibung trainieren. Du schaust dir ein Wort genau an, schließt die Augen und schreibst es bei geschlossenen Augen mit deinem Zeigefinger auf eine Fläche. Wenn du nicht mehr weiter kommst, kannst du kurz die Augen wieder öffnen und das Wort noch einmal anschauen, bevor du mit geschlossenen Augen weiterschreibst.*

Schreibe auf diese Art und Weise folgende Wörter auf einen Tisch. Schaffe dir zunächst Platz, damit du große Bewegungen machen kannst. Achte dabei besonders auf die Akzente ***(é, è, ê)****, den Apostroph* ***(d')****, die Cédille* ***(ç)*** *und das „verschlungene* ***œ****".*

garçon · Ça va. · où · une école · être · je m'appelle · voilà · je déteste · d'accord · le frère · la sœur · Qu'est-ce que c'est?

En forme

2 Verbes et pronoms

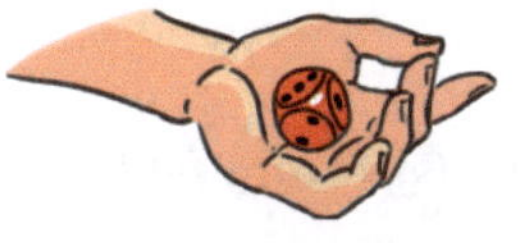

△ *Jeu de dés.* ***Travaillez à deux.*** *(Würfelspiel. Spielt zu zweit.)*
Für das Spiel benötigt ihr einen Würfel: 1 = je, 2 = tu, 3 = il / elle / on, 4 = nous, 5 = vous, 6 = ils / elles.
A schlägt ein Verb aus der Reihe unten vor. B würfelt und sagt die entsprechende Verbform; dann wechselt ihr die Rollen. Schreibt jede Form mit Pronomen auf ein Blatt. Kontrolliert euch mit dem Lehrbuch S. 38 oder mit dem Grammatischen Beiheft S. 8 und 10. (Ihr könnt die Übung auch allein durchführen.)

travailler · aimer · arriver · écouter · trouver · détester · entrer · habiter · parler · être · porter

Les mots et les lettres

3 Apostrophe, oui ou non?

△ **1.** Je suis **d**_____ Paris. **2.** Attention! **J**_____ arrive! **3.** **J**_____ regarde une BD.

4. Julie est à **l**_____ école avec moi. **5.** Tu es **d**_____ ici? **6.** C'est **l**_____ maison de Léo.

7. **J**_____ habite à Nice. **8.** Qu'est-**c**_____ que c'est?

Lire

4 Voilà Tobi.

△ *Du hast Tobi gefunden.*

1. Wo kannst du Tobi abgeben?

____

2. Wem gehört Tobi?

____

3. Wie heißt die Tierschutzorganisation?

____

4. Wie heißt das Wort „Belohnung" auf Französisch?

____

OÙ EST TOBI ?

Téléphoner à Amélie :
06 10 12 07 08
ou
porter TOBI
à la S.P.A.
10 rue Berthier, 75017 Paris

Récompense : 150 € MERCI !

En plus

Ecouter

5 Où est Tobi?

Die Katze Tobi ist weg. Alex telefoniert mit Marie.
Sie erfährt die Telefonnummer der S.P.A.
Ecoute le dialogue et complète le numéro de téléphone de la S.P.A.
(Höre den Dialog an und ergänze die Telefonnummer der S.P.A.)

46

Le numéro de téléphone, c'est le 01 _____ 05 _____ _____.

Les mots et les lettres

6 Qu'est-ce qui manque? (Was fehlt?)

A *In welchen Wörtern hört man den letzten Buchstaben nicht?*
Souligne ces lettres. *(Unterstreiche diese Buchstaben.)*

français	avec	rue	copine	école	journal
cahier	gomme	sport	vite	frère	aussi

B *Welcher Buchstabe fehlt bei den folgenden Wörtern?* ***Ecris cette lettre.*** *(Schreibe diesen Buchstaben.)*

dans___	fill___	alor___	commen___	bizarr___	maiso___
monsieu___	madam___	d'accor___	cha___	il es___	classiqu___

Jeu de mots

7 Trouve les phrases. (Finde die Sätze.)

Trouve les phrases et écris-les dans ton cahier. (Finde die Sätze und schreibe sie in dein Heft.)

1. la – Léo – rue – dans – est – avec – Marie et Moustique.
   Léo est dans la rue avec Marie et Moustique
2. le – chat – dans – entre – magasin de Mme Latière. – Un
   Un chat entre dans magasin de Mme L...
3. ami – est – de – Malou, – C' – l' – Malabar.
4. amie. – une – cherche – BD – Marie – pour – une
5. détestes, – est-ce que – tu – Léo? – Qu'

THEATRE

8 Nous faisons du théâtre.

Schreibt Szenen für kleine Theaterstücke, die ihr im Laufe des Jahres öffentlich aufführt. Ihr könnt den Inhalt frei erfinden. Vielleicht gefällt euch aber auch die folgende Idee:

Mehr dazu w4d5e6

Lisa hat sich auf dem Weg vom Einkaufen nach Hause verlaufen. Sie wohnt in der Rue Truffaut. Sie fragt mehrere Passanten, wo die Rue Truffaut ist. Aber keiner beachtet sie. Alle sind beschäftigt. Da sieht sie den Zeitungsladen von Mme Latière. Sie tritt ein. Es gibt mehrere Kunden, Mme Latière hat keine Zeit. Dann aber lernt Lisa im Laden Alex, Jérôme, Marie und Moustique kennen. Schließlich nimmt Marie Lisa mit zur Rue Truffaut.

PORTFOLIO

Das kann ich schon! (nach Unités 1 – 2)

Selbsteinschätzung: *Hier kannst du feststellen, wie fit du bist. Kreuze an, wie deine Ampel steht (linke Ampel). Wenn du unsicher bist, wiederhole die Übungen, die in der rechten Spalte angegeben sind.*

Partnereinschätzung: *Ihr könnt euch auch gegenseitig einschätzen (rechte Ampel).*

Üben interaktiv 2ug6hr

Selbsteinschätzung vom: ____________ *Datum*   Partnereinschätzung vom: ____________ *Datum*

Parler
Ecouter
Ecrire
Lire
Médiation

Sich auf Französisch verständigen	Selbst	Übungen	Partner
Ich kann jemanden begrüßen, fragen, wie es geht und mich verabschieden.	● ● ●	SB S. 23, Nr. 7 CdA S. 14, Nr. 14	● ● ●
Ich kann sagen, wie ich heiße und wo ich wohne. Ich kann fragen, wie jemand heißt und wo jemand wohnt.	● ● ●	SB S. 20, Nr. 4 CdA S. 28, Nr. 2	● ● ●
Ich kann sagen, welchen Sport und welche Musik ich mag bzw. nicht mag und ich kann einen anderen danach fragen.	● ● ●	SB S. 35, Nr. 8	● ● ●
Ich kann verstehen, worum es geht, wenn ich eine Szene höre oder sehe.	● ● ●	SB S. 24, Nr. 1 CdA S. 16, Nr. 3	● ● ●
Manchmal möchte ich nur etwas Bestimmtes erfahren, wenn ich eine Szene höre, sehe oder einen Text lese. Das kann ich herausfinden.	● ● ●	SB S. 36, Nr. 8 CdA S. 27, Nr. 16	● ● ●
Ich kann verstehen, worum es geht, wenn ich eine französische Beschriftung lese, z. B. auf einem Hinweisschild oder an einem Laden.	● ● ●	SB S. 25, Nr. 3 CdA S. 15, Nr. 15 A	● ● ●
Ich kann einen einfachen Text über mich selbst schreiben.	● ● ●	CdA S. 27, Nr. 15	● ● ●
Médiation: Ich kann einfache französische Informationen auf Deutsch wiedergeben.	● ● ●	SB S. 37, Nr. 2 CdA S. 15, Nr. 15 B	● ● ●

Vis-à-vis

Hier und dort			
Ich weiß, wer sich in Frankreich mit der „bise" begrüßt.	● ● ●	CdA S. 8, Nr. 2	● ● ●
Ich kenne einige (mindestens drei) französische Städte und weiß, wo sie liegen.	● ● ●	CdA S. 19, Nr. 2	● ● ●
Ich kann zwei bis drei Dinge benennen, die eine französische Straße / Wohngegend von einer deutschen unterscheiden.	● ● ●	SB S. 16 SB S. 28	● ● ●

Stratégie

Gewusst, wie ...			
Ich kann fragen und sagen, wie etwas auf Französisch heißt.	● ● ●	SB S. 30, Nr. 1	● ● ●
Ich kann auch unbekannte französische Wörter verstehen, wenn es im Deutschen oder in anderen mir bekannten Sprachen ähnliche Wörter gibt.	● ● ●	CdA S. 26, Nr. 13	● ● ●
Ich kenne mich in meinem Französischbuch gut aus. Ich weiß z. B., wo ich nachschlage, wenn ich vergessen habe, was ein Wort bedeutet.	● ● ●	SB S. 14, Nr. 2	● ● ●

Schau dir die Liste noch einmal an: Wähle die Einträge aus, bei denen du die grüne Ampel angekreuzt hast. Übertrage sie auf das Poster am Ende des „Cahier".

Révisions (nach Unités 1–2)

Jeu de sons

Üben interaktiv dy2j5f

1 Cherche l'intrus. (Suche den Eindringling.)

*Welches Wort enthält nicht den angegebenen Laut? **Barre ce mot**. (Streiche dieses Wort durch.)*

[s]	[z]	[ɛ̃]	[ɔ̃]	[ɑ̃]
vacances	**musique**	**comment**	**carton**	**français**
six	**alors**	**sympa**	**grand-mère**	**chanson**
zut	**Toulouse**	**copain**	**crayon**	**devant**
classique	**bizarre**	**magasin**	**maison**	**regardons**

Jeu de mots

Üben interaktiv wv4877

2 Qui est qui?

***Décris qui est qui.** (Beschreibe, wer wer ist.)*

1.  Moustique, c'est le chien de Marie. ______
2. Malabar, c'est ______ de Malou. 
3.  Mme Latière, c'est ______ d'Alex.
4. M. Chabane, c'est ______ Marie Chabane. 
5.  Alex, c'est ______
6. Jérôme, c'est ______ 
7.  Marie, c'est ______

En forme

Üben interaktiv 4n4kq4

3 L'allemand et le français

***Ecris en français. Attention à la forme «sie / Sie»!** (Schreibe auf Französisch. Achtung bei „sie / Sie"!)*

1. Malou ist eine Katze. Sie ist toll.

______

2. – Wo sind Jérôme und Léo? – Sie sind hier.

______

3. – Und Marie und Alexandra? – Sie sind auf der Straße.

______

4. Wohnen Sie in Paris, Mme Latière?

______

Lösungen und Tipps findest du auf S. 99.

On prépare le DELF (nach Unités 1–2)

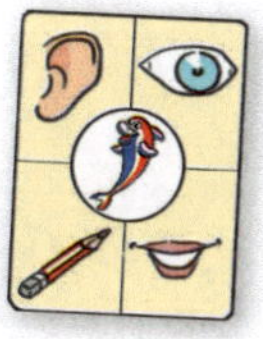

Mit dem DELF-Zeugnis hast du eine Trumpfkarte in der Hand! Mit den folgenden Übungen kannst du trainieren.

Mini-DELF-Prüfung

1 Compréhension de l'oral

51 *Du hörst das Tondokument zwei Mal an. Nach dem ersten Hören hast du 30 Sekunden Zeit, um die Antworten anzukreuzen, nach dem zweiten Hören 30 Sekunden, um deine Antworten zu überprüfen.*

Lies nun die Fragen. Höre danach das Dokument an und beantworte die Fragen. (Maintenant, lis les questions. Puis écoute le document et réponds aux questions.)

1. Qui parle? ☐ Mélanie ☐ Marie ☐ Louise

2. Elle est ☐ à l'école. ☐ au parc. ☐ à la maison de la presse.

3. Le rendez-vous est ☐ devant le restaurant. ☐ devant la maison de Louise. ☐ devant le kiosque.

Aufgabe 1	
mögl. Punkte	deine Punkte
1	
1	
1	
3 Summe	

2 Compréhension des écrits

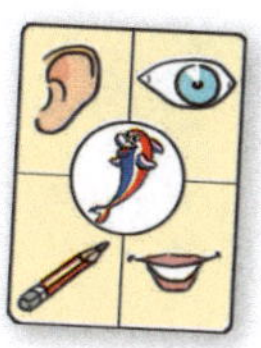

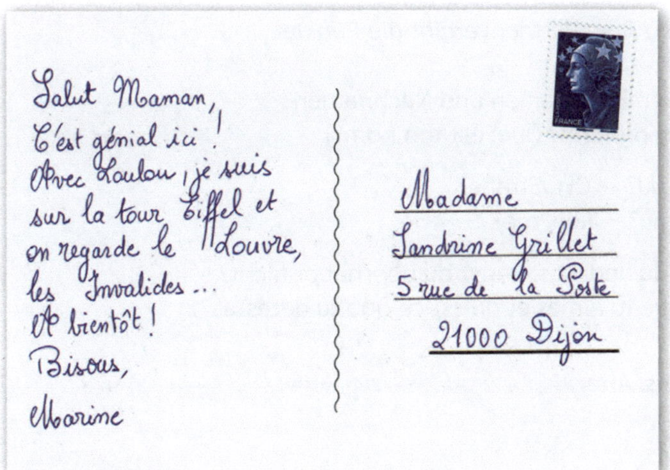

Réponds aux questions.

1. La carte postale est pour ☐ la mère de Marine. ☐ le père de Marine. ☐ la copine de Marine.

2. Marine est de ☐ Paris. ☐ Cannes. ☐ Dijon.

3. Marine est à ☐ Cannes. ☐ Paris. ☐ Dijon.

Aufgabe 2	
mögl. Punkte	deine Punkte
1	
1	
1	
3 Summe	

3 Production écrite

Du kommst in Paris in einer Jugendherberge an und musst dich anmelden.
Fülle die Karteikarte aus. (Remplis la fiche.)

Nom, prénom: ____________________

Date de naissance: ____________________

Adresse: ____________________

____

Numéro de téléphone: ____________________

E-mail: ____________________

Paris, le ____________ **Signature** ____________

Aufgabe 3	
mögl. Punkte	deine Punkte
0,5	
0,5	
0,5	
0,5	
0,5	
0,5	
3 *Summe*	

4 Production orale

Du stellst dich vor – ca. 1/2 Minute. (Tu te présentes – 1/2 minute environ.)
Deine Partnerin / Dein Partner vergibt die Punkte.

1. Wie heißt du mit Vornamen und Nachnamen?
   (Quel est ton prénom? Quel est ton nom?)
2. Wo wohnst du? → Ort, Straße
   (Tu habites où? → lieu, rue)
3. Was magst du und was magst du überhaupt nicht?
   (Qu'est-ce que tu aimes et qu'est-ce que tu détestes?)

Aufgabe 4	
mögl. Punkte	deine Punkte
1	
1	
1	
3 *Summe*	
12	

Gesamtsumme

Auswertung:

Frage dich!

1. Habe ich bei jedem der vier Aufgabenteile wenigstens einen Punkt erreicht?

   ☐ Ja ☐ Nein

2. Habe ich insgesamt 6 oder mehr als 6 Punkte?

   ☐ Ja ☐ Nein

Zwei Mal „Ja"? Prima! Du hast diese Mini-DELF-Prüfung bestanden.

Unité 3

Bon anniversaire, Léo!

Découvertes

Ecrire

Üben interaktiv 2p3y6x

1 Bon anniversaire! (nach SB S. 44)

Voilà deux courriels d'anniversaire.
(Hier sind zwei Geburtstags-E-Mails.)

De:	a.guibert@orange.fr
À:	leo.pirou@free.fr
Objet:	13 ans

Bonjour Léo,
Joyeux anniversaire!

Bises,
Alex

De:	Jeromegui@club-internet.fr
À:	leo.pirou@free.fr
Objet:	Anniversaire

Salut Léo,
Bon anniversaire!

A bientôt,
Jérôme

Ecris un courriel d'anniversaire à une copine française / un copain français.
(Schreibe eine Geburtstags-E-Mail an eine französische Freundin / einen französischen Freund.)
Den Namen und die E-Mail-Adressen darfst du erfinden.

De:	Fabian Stockmeier@gmail.com
À:	Léo@gmail.com
Objet:	anniversaire

Bonjour, Léo
joyeux anniversaire
A bientôt
Fabian

Vis-à-vis

@ heißt auf Französisch **arobase** [aʀobaz].
„Punkt" heißt **(le) point** [pwɛ̃] und „Bindestrich" **(le) tiret** [tiʀe].

PORTFOLIO

Ihr könnt auch eine echte Geburtstags-E-Mail auf Französisch schreiben.
Druckt eure E-Mails aus und hängt sie im Klassenzimmer auf. Ihr könnt sie eurem Portfolio hinzufügen.

Parler

2 Les prépositions (nach SB S. 44)

C'est l'anniversaire de Lucie …

1. Où est Lucie?
2. Où est le gâteau?
3. Où est le paquet avec l'ordinateur?
4. Où est le paquet avec le vélo?
5. Où est le paquet avec le livre?
6. Où est le paquet avec le ballon de rugby?

Où est …

Posez d'autres questions et donnez les réponses. (Stellt weitere Fragen und beantwortet sie.)

Atelier A

Vis-à-vis

3 Un anniversaire (nach SB S. 44)

Üben interaktiv sw9jx2

Wo finden die Geburtstagspartys statt? In Frankreich oder in Österreich? Warum?

Un anniversaire en France, c'est … la famille, des copains et des copines, des bougies, des chansons, des cadeaux, un gâteau et, bien sûr, des bises.

> **Vis-à-vis**
> In Frankreich feiert man seinen Geburtstag meistens im Familienkreis.

Décris ton anniversaire. (Beschreibe deinen Geburtstag.)

Mon anniversaire, c'est ______________________________

____

____

____

A propos du texte

4 A propos du texte (nach SB S. 47, Nr. 3)

Mme Pirou parle avec M. Pirou. Que dit M. Pirou?
Complète le dialogue. *(Ergänze den Dialog.)*

Tu prépares un gâteau pour Léo?
C'est dommage!
En allemand, on dit «Bis bald!»

Mme Pirou: Allô, Marc? Tu es où?

M. Pirou: Je suis à cologne

Mme Pirou: Tu viens demain?

M. Pirou: Non, je travaille. C'est dommage!

Mme Pirou: Alors, viens vite.

M. Pirou: Bien sûr. Tu prépares un gâteau pour Léo?

Mme Pirou: Oui, pour Léo, et pour Marie, Alex, Mehdi et Jérome.

M. Pirou: C'est super! Alors, à bientôt! En allemand, on dit «Bis bald!»

Mme Pirou: Bis bald!

eu de sons

5 Les mots et les lettres [e] (nach SB S. 48, Nr. 5)

64 Üben interaktiv ua3w8w

A *Ecoute les mots et souligne les lettres qui correspondent au [e]. Ecris ces lettres dans les cases.*
(Höre die Wörter an und unterstreiche die Buchstaben, die dem [e] entsprechen. Schreibe diese Buchstaben in die Kästchen.)

une idée	é	e		**deux idées**				**un cahier**			
des trains				**Léo**				**Alex et Marie**			
trouver				**vous trouvez**							

Wie spricht man wohl das Wort ***papier*** *aus? Und kannst du dir denken, was es bedeutet?*

B *Complète avec les bonnes lettres. (Ergänze mit den richtigen Buchstaben.)*

er | ez | es | és | et | é

1. un papi er
2. le v ____ lo
3. vous parl ____
4. arriv ____
5. Mehdi ____ Marie
6. deux caf ____
7. l ____ chiens

Den Laut !e?, nennt man „geschlossenes -e".
Mache den Mund schmal und breit.
Lerne den folgenden Reim auswendig.
Wenn du !e? hörst, klatsche in die Hände.

Un café
pour Zoé?
Bonne idée,
dit Chloé.

En forme

6 des / les (G 7, 8, 9) (nach SB S. 48, Nr. 6)

→ En plus, Nr. 3 △

Üben interaktiv 92sw9k

Jérôme est en vacances en Allemagne.
Dans un magasin, il cherche des cadeaux.

①

②

③

④

Exemple: Il y a des livres . Les livres d'allemand sont pour Léo.

1. Il y a des affiche . les affiche de sport sont aussi pour Léo.
2. Il y a des T-shirt . Les t-shirt "La coste" sont pour Marie.
3. Il y a des magasins . les magasins d'Asterix sont pour Clara.
4. Il y a des jeu vidéo . Les jeu vidéo "Klett" sont pour Gabriel.
5. Il y a des gommes . les gommes , elles sont pour grand-mère.
6. Il y a des stylos . Les stylos sont aussi pour grand-mère.

! 7. Grand-mère aime des gommes et des stylos.

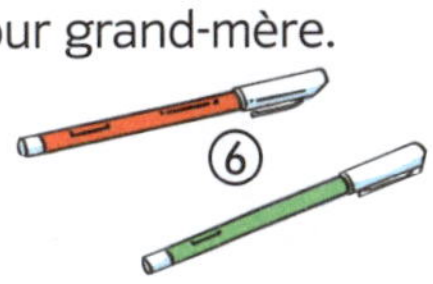
⑥

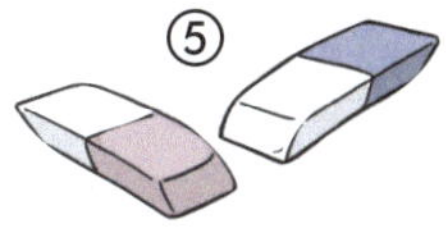
⑤

En fórme

7 mon, ton, ma, ta, mes, tes (G 10) (nach SB S. 49, Nr. 8)

Simone aus Stuttgart hat Marie über das Internet kennen gelernt. Sie chatten miteinander.
Complète le texte avec «mon, ton, ma, ta, mes, tes».

Auf den Bildern stimmt etwas nicht. Findest du es heraus?

1. *Simone:* Tu aimes bien tes frères et sœurs?
2. *Marie:* Oui, j'aime bien ma sœur Clara et mon frère Gabriel.
3. *Simone:* Et tes amis sont comment?
4. *Marie:* mon ami Léo et mon amie Alexandra sont super.
5. *Simone:* Et tu aimes ton école aussi?
6. *Marie:* Oui, j'aime ma école. Et toi, qu'est-ce que tu aimes?
7. *Simone:* Moi, j'aime la musique. ma musique, c'est le rock.
8. *Marie:* ton anniversaire, c'est quand?
9. *Simone:* mon anniversaire, c'est demain. J'ai un gâteau pour mes copains.

Alors, maintenant, je range ma chambre. *Marie:* Oh, c'est demain? Joyeux anniversaire!

Jeu de mots

8 La famille (nach SB S. 49, Nr. 8)

A *Complète le filet à mots. (Ergänze das Vokabelnetz.)*
Welche Wörter passen?

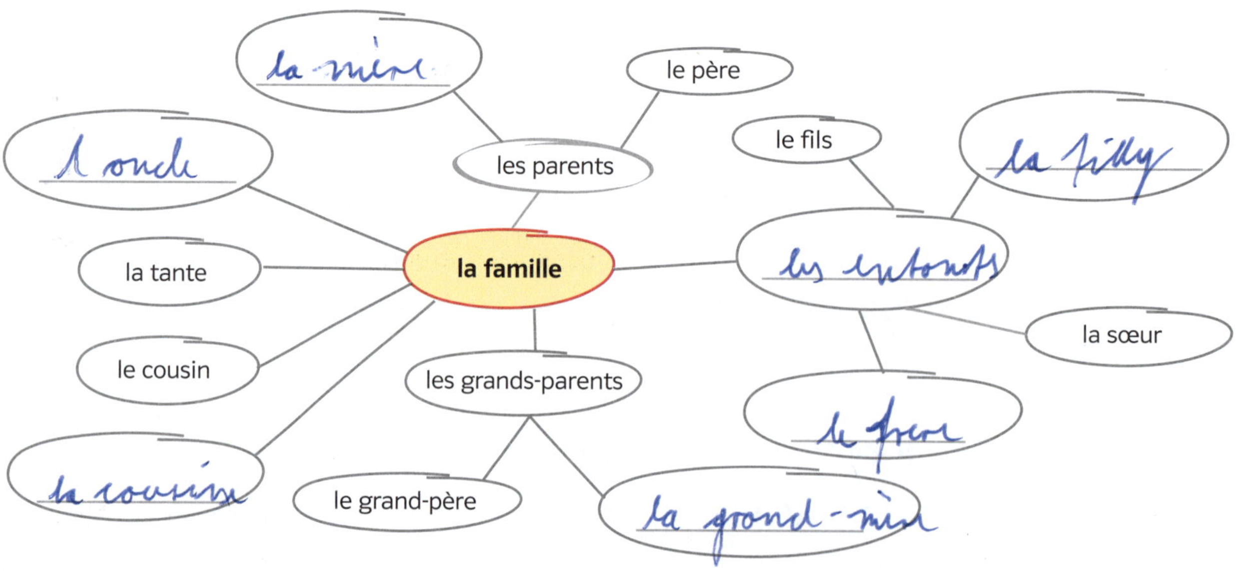

B Choisis 3 mots du filet à mots et écris une phrase avec chaque mot.
(Wähle 3 Wörter aus dem Vokabelnetz und schreibe mit jedem Wort einen Satz.)

Exemple: Avec mon frère, il y a toujours des histoires!

Atelier B

Jeu de sons

9 Les nombres (Die Zahlen) (nach SB S. 52, Nr. 3)

65

A *Léo se présente. Ecoute et note les chiffres.*
(Léo stellt sich vor. Höre zu und notiere die Ziffern.)

Üben interaktiv 96f6jv

Léo Pirou:

13 ans anniversaire: 19 décembre

23 rue Truffaut

mère: 35 ans père: 39 ans

1 chien: 3 ans

65

B *Ecoute et note les numéros de téléphone.*
(Höre zu und notiere die Telefonnummern.)

1. Mon numéro de téléphone, c'est le 01 10 39 22 15.

2. Mon numéro de téléphone, c'est le 06 18 29 31 34.

3. Mon numéro de téléphone, c'est le 01 37 14 13 26.

En forme

10 avoir (G 11) (nach SB S. 53, Nr. 6)

A *Sépare les formes de «**avoir**» par un trait. Puis écris les formes à côté des pronoms.*
*(Trenne die Formen von **avoir** durch einen Strich. Schreibe dann die Formen neben die Pronomen.)*

Üben interaktiv 3k8c7d

avonsaiontasaveza

j'ai	nous ______
tu ______	vous ______
il, elle, on ______	ils, elles

B *Complète le texte avec les formes de «**avoir**». (Ergänze den Text mit den Formen von **avoir**.)*

1. *Mehdi:* Jérôme et toi, vous ______ des grands-parents?

2. *Alex:* Oui, nous ______ une grand-mère.

C'est Mme Latière. Elle ______ un magasin dans la rue Nollet:

la maison de la presse. Grand-mère est fantastique!

Et toi, Mehdi, tu ______ des grands-parents?

3. *Mehdi:* Oui. Moi, j'______ des grands-parents paternels[1].

J'aime mes grands-parents. Ils ______ une maison au Maroc[2]. C'est super!

1 paternel väterlicherseits **2 au Maroc** in Marokko

En forme

11 son, sa, ses (G 10) (nach SB S. 54, Nr. 8)

→ En plus, Nr. 4 △

Üben interaktiv 6cz834

A *Complète les deux textes avec «**son, sa, ses**». (Ergänze in den beiden Texten **son, sa, ses**.)*

1. Aujourd'hui, c'est l'anniversaire de **Mehdi**.
2. Il est dans sa chambre avec ses amis.
3. Ce sont des amis de sa école.
4. Il y a aussi son frère Abdel et sa sœur Karima.
5. Le cadeau de ses amis, c'est un jeu vidéo.

1. Aujourd'hui, c'est l'anniversaire de **Marie**.
2. Elle est dans sa chambre avec ses amis.
3. Ce sont des amis de sa école.
4. Il y a aussi son frère Gabriel et sa sœur Clara.
5. Le cadeau de ses amis, c'est un manga.

B *Joue au détective. (Spiele Sprachdetektiv.)*

Ergänze die Aussagen:

1. Im Französischen richtet sich der Possessivbegleiter nach dem Besitzgegenstand nicht nach dem Besitzer.
2. Im Französischen heißt es: sa **anniversaire**, egal ob es um Mehdi oder Marie geht.
2. Im Deutschen heißt es bei Mehdi: sein **Geburtstag** und bei **Marie:** ihr **Geburtstag**.

Ecrire

12 Tu as quel âge? (nach SB S. 54, Nr. 9)

→ En plus, Nr. 1 △, 2, 5 △

Du chattest mit Pierre, Léos Cousin, im Internet.
***Complète les questions et les réponses.** (Ergänze die Fragen und Antworten.)*

1. *Toi:* Tu habites où?
2. *Pierre:* J'habite à Paris.
3. *Pierre:* Tu a quel âge?
4. *Toi:* J'Arantre ou ans.
5. *Toi:* anniversaire, c'est quand?
6. *Pierre:* Mon anniversaire, c'est le 13 décembre.
7. *Toi:* Tu as des frères et soeur.
8. *Pierre:* Oui, j'ai un frère et une sœur.

Jeu de mots

13 Les mois de l'année (nach SB S. 54)

Üben interaktiv te323n

A *Joue au détective. (Spiele Buchdetektiv.)*
Finde in deinem Lehrbuch die Seite, auf der alle Monatsnamen stehen. Es ist die Seite ____.
Ecris les mois à côté des saisons. *(Schreibe die Monate neben die Jahreszeiten.)*

m a r s
a _ _ _ _ _
m _ _ _

d _ _ _ _ _ _ _ _
j _ _ _ _ _ _
f _ _ _ _ _ _ _

j _ _ _
j _ _ _ _ _ _ _ _
a _ _ _

s _ _ _ _ _ _ _ _
o _ _ _ _ _ _
n _ _ _ _ _ _ _

B ***Tu aimes quel mois? Tu détestes quel mois?***
(Welchen Monat magst du? Welchen Monat hasst du?)

J'aime le mois de ______________________________

parce que ______________________________

Je déteste le mois de ______________________________

parce que ______________________________

STRATEGIE

Wenn du einzelne Buchstaben eines Wortes zeichnest, kannst du dir die Bedeutung dieses Wortes leichter merken.

Chanson

14 Mon beau sapin (nach SB S. 54)

Mon beau sapin, roi des forêts,
Que j'aime ta verdure!
Quand par l'hiver, bois et guérets
Sont dépouillés de leurs attraits,
Mon beau sapin, roi des forêts,
Tu gardes ta parure.

A **Vis-à-vis:** *Comment s'appelle la chanson en allemand?*
(Wie heißt das Lied auf Deutsch?)

____

B *Chantez la chanson ensemble.*
(Singt das Lied zusammen.)

Pratique: tâches

Médiation

15 Fais l'interprète. (Dolmetsche.) (nach SB S. 55, Nr. 2)

Üben interaktiv y6jc6m

Lucie aus Frankreich trifft Niko, einen Jungen aus deiner Schule, der kein Französisch kann. Du hilfst ihnen beim Gespräch. Arbeitet zu dritt. Nur der Dolmetscher arbeitet ohne Heft. Wechselt nach einem Durchgang die Rollen.

STRATEGIE

Beim Dolmetschen musst du nicht immer wörtlich übersetzen, sondern sinngemäß wiedergeben, was gesagt wird.

Lucie

1. Moi, je m'appelle Lucie. Et toi?
4. J'habite à Brest.
5. Niko a quel âge?
8. Mon anniversaire, c'est le 24 octobre.
9. Niko a des frères et sœurs?
12. Salut, et à bientôt!

Niko

2. Sag ihr, dass ich Niko heiße.
3. Frag sie, wo sie wohnt.
6. Ich bin 12.
7. Wann hat Lucie Geburtstag?
10. Ja, ich habe zwei Schwestern.
11. Da kommen meine Freunde.

Tschüss, bis bald!

Lire

16 Une dispute (Ein Streit) (nach SB S. 56, Nr. 3)

→ En plus, Nr. 6 △

Dix-neuf décembre: Léo invite ses copains Mehdi et Jérôme et ses copines Alex et Marie à son anniversaire. La fête commence à 14 heures. Les amis chantent une chanson pour Léo. Puis, ils ont faim et mangent un gâteau au chocolat. Hmm, c'est bon!
Puis, Léo a envie de regarder son jeu vidéo. Mais Marie et Alex préfèrent jouer au foot, et Jérôme et Mehdi préfèrent regarder la télé. Les cinq copains se disputent. C'est le chaos. La mère de Léo arrive et dit: «Quelle fête d'anniversaire! C'est une catastrophe! C'est impossible! D'abord, vous jouez au foot dans le parc. Puis, vous regardez le jeu vidéo. Et pour la télé, c'est NON!»

Üben interaktiv s98gk9

Zum Vorgehen: Unterstreiche oder markiere (mit Textmarker) in verschiedenen Farben im Text die Stellen, an denen die Antworten zu finden sind. Trage die entsprechende Zeilenzahl ein.

Im Text gibt es Wörter, die du noch nicht gelernt hast. Keine Angst! Du wirst sehen, dass du die Fragen trotzdem beantworten kannst!

1. **Wann feiert Léo seinen Geburtstag?** (Antwort in Zeile 1.)

   [x] 19. Dezember [ ] 14. Dezember [ ] 5. Dezember

2. **Was gibt es zu essen?** (Antwort in Zeile 3-4.)

   [ ] Schokoladenpudding [x] Schokoladenkuchen [ ] Schokoladeneis

3. **Wer möchte fernsehen?** (Antwort in Zeile 5.)

   [x] Jérôme und Mehdi [ ] Marie und Alex [ ] Jérôme und Léo

4. **Welche Lösung schlägt Frau Pirou vor?** (Antwort in Zeile 8.)

   [ ] in den Park gehen [x] erst Fußball spielen, dann ein Videospiel machen [ ] nur fernsehen

STRATEGIE

Mit Unterstreichen oder Markieren im Text kann man die Antworten zu Fragen hervorheben. So kann man sich in einem Text besser zurechtfinden und leichter auf Fragen antworten.

Ecrire

17 Une carte d'anniversaire (nach SB S. 56, Nr. 3)

→ En plus Nr. 1 △, 2, 5 △

Ecris une carte d'anniversaire en ligne à ta copine française / ton copain français.
(Schreibe eine Internet-Geburtstagskarte an deine französische Freundin / deinen französischen Freund.)
Du kannst dich an den vorgeschlagenen Wendungen orientieren. Wähle einen Vornamen aus.

(Stadt), le (Datum), z. B. Cologne, le 5 juillet – Cher[1] + Jungenname, / Chère[2] + Mädchenname,
– Bon anniversaire / Joyeux anniversaire! – Maintenant, tu / avoir / 13 ans.
– Comment ça va? – Moi, ça va bien. – Je / travailler / pour l'école. – Bises, / A bientôt, / Salut,

De: lefilou@yahoo.fr
À:
Objet:

Vis-à-vis

Beim Datum steht die Grundzahl (außer bei 1er).
Die Monatsnamen werden kleingeschrieben.

Ecouter et regarder

18 Que dit Amélie? (nach SB S. 56, Nr. 4)

→ En plus Nr. 6 △

STRATEGIE

Wenn du jemanden Französisch sprechen hörst, kannst du natürlich nicht gleich jedes Wort verstehen.
Es gibt aber ein paar Tricks:
- Manche Wörter kennst du aus dem Deutschen oder anderen Sprachen (z. B. „bonbon" oder „théâtre").
- Manchmal hilft der Zusammenhang (z. B. Was bedeutet wohl „faire" im Zusammenhang mit „théâtre"?).
- Manchmal kann man ein unbekanntes Wort von einem bekannten ableiten (z. B. „la chienne" von „le chien").

Bei einem Film helfen dir natürlich auch die Bilder.

68 ***Ecoute le document. Coche les bonnes réponses.***
(Höre das Dokument. Kreuze die richtigen Antworten an.)
Du kannst auf der DVD das Dokument auch als Video anschauen.

1. Amélie Dupuy a	☐ 12 ans.	☐ 13 ans.	☐ 14 ans.
2. Amélie aime	☐ regarder la télé.	☐ regarder des BD.	☐ écouter des CD.
3. Amélie aime aussi	☐ le piano.	☐ le sport.	☐ le vélo.
4. Sa chienne s'appelle	☐ Lucie.	☐ Julie.	☐ Mélimélo.
5. Amélie aime faire	☐ du théâtre.	☐ du rugby.	☐ des gâteaux.

1 Cher Léo Lieber Léo **2 Chère Marie** Liebe Marie

Überprüfe, was du kannst!
geht so ← ● → klappt noch nicht
● → prima
Im Cahier darfst du die Ampel ankreuzen. Vergleiche deine Lösungen mit den Lösungen auf den Seiten 99 und 100.

Bilan

1 Parler et écrire (nach SB S. 57, Nr. 1)

→ En plus, Nr. 1 △, 2, 5 △

Ich kann sagen, wie alt jemand ist, wann er Geburtstag hat und ich kann seine Familie vorstellen.

Üben interaktiv a974sj

Complète le texte avec les mots donnés. (Ergänze den Text mit den vorgegebenen Wörtern.)

anniversaire ans famille frère mère père sœur a

Bonjour. Voilà Marie. Elle ________ treize ________. Son ____________________, c'est le 1er mars.

Sa ____________ s'appelle Clara. Elle a aussi un ____________: Gabriel. Son ____________ travaille pour une radio. Sa ____________ travaille dans un hôpital. La ____________ Chabane habite 38 rue Truffaut.

2 Ecouter et regarder (nach SB S. 57, Nr. 2)

→ En plus, Nr. **6

Ich kann beim Hören und Sehen wichtige Einzelheiten herausfinden.

Ecoute la scène, puis coche les bonnes réponses.

69

1. Le garçon s'appelle ☐ John. ☐ Jean. ☐ Johann.
2. Il aime ☐ les CD. ☐ le cinéma. ☐ les livres.
3. Il déteste ☐ Paris. ☐ le sport. ☐ la techno.

Üben interaktiv h87n2j

Du kannst auf der DVD das Dokument auch als Video anschauen.

3 Lire (nach SB S. 57, Nr. 2)

→ En plus, Nr. 6 △

Ich kann beim Lesen wichtige Einzelheiten herausfinden.

Lis le texte, puis complète les phrases.
(Lies den Text, vervollständige dann die Sätze.)
Unterstreiche im Text die Informationen, die du suchst.

Üben interaktiv 57s52z

Aujourd'hui, c'est l'anniversaire de Marie. Ses amis sont dans sa chambre. Ils chantent: «Joyeux anniversaire!» Ils ont des cadeaux: trois livres, une BD d'Astérix et des CD. Le père de Marie arrive. Il dit: «J'ai encore un cadeau. Voilà … euh, mais … il est où, le cadeau?» Il cherche et cherche … «Ouf!» Il trouve le cadeau dans son journal: des tickets de cinéma.

1. Marie a des cadeaux de ses amis: des CD, une BD et ______________________________
2. M. Chabane cherche ______________________________

4 En forme (nach SB S. 58, Nr. 3)

→ En plus, Nr. 3 △, 4

A Ich kann den **bestimmten** und **unbestimmten Artikel** im **Plural** verwenden.

Üben interaktiv 7h6h9z

A la FNAC, il y a **1.** ________ livre__, **2.** ________ ordinateur__ et **3.** ________ jeu__ vidéo.
Léo aime **4.** ________ CD__ et **5.** ________ affiche__ de Superbus.

B Ich kann **Possessivbegleiter** verwenden.

1. Où sont m________ cadeaux: ________ bougie, ________ t-shirt et ________ affiche?
2. Sarah cherche s________ cadeaux: ________ t-shirt, ________ bougie et ________ affiche.
3. Voilà t________ cadeaux: ________ affiche, ________ bougie et ________ t-shirt.

En plus: différenciation

> ! où = wo ↔ ou = oder
> Merke: Auf der Oder schwimmt kein Graf.

Les mots les lettres

1 Chaîne de mots (Wörterkette)

△ *Sépare les mots par un trait. Puis écris les phrases correctement.*
(Trenne die Wörter durch einen Strich. Schreibe dann die Sätze korrekt auf.)
Denke an die Groß- und Kleinschreibung, die Apostrophe (1x) und die Buchstaben mit Akzenten (8x).

– ALLO,PAPA,TUESOU?ENFRANCEOUENALLEMAGNE? ______________________

____

– JESUISACOLOGNE. ______________________

– TUESLADEMAIN? ______________________

– BIENSUR,DEMAIN,JESUISAPARIS. ______________________

– MAMANPREPAREUNGATEAU. ______________________

– CESTSUPER! ______________________

2 Le jeu des silhouettes

△ *Welche Frage versteckt sich hinter den Wort-Silhouetten?*
Schreibe die passenden Buchstaben in die Silhouetten.

Q _ ' _ _ _ - _ _ _ ' _ _ _ _ _ dans le carton?

En forme

3 Les articles *Complète les phrases. (Ergänze die Sätze.)*

les | la | des | des | une | l' | les | le | le | un | les

△ **1.** Léo range sa chambre. Il y a des livres, ______ jeu vidéo, ______ crayons, ______ cahiers et ______ gomme.

2. Léo range ses affaires: ______ livres et ______ cahiers dans ______ carton ______ crayons, ______ gomme et ______ jeu vidéo devant ______ ordinateur.

En forme

4 mon, ton, son, ma, ta, sa, mes, tes, ses *Complète les phrases.*

△ **1.** – Voilà t on vélo! – M on vélo? Non, c'est le vélo de Sarah. – Ah, c'est son vélo.

2. – Voilà t es t-shirts! – M es t-shirts? Non, ce sont les t-shirts de Marie.
– Ah, ce sont ses t-shirts.

3. – Voilà t a bougie! M a bougie? Non, c'est la bougie de Jean. – Ah, c'est sa bougie.

En plus

Jeu de mots

5 Petits mots importants (Kleine wichtige Wörter)

mais | puis | d'abord | d'accord | s'il te plaît | ensemble | demain

Complète le texte. (Ergänze den Text.) Schreibe erst mit Bleistift.

1. *Jérôme:* Demain, c'est mon anniversaire. Tu prépares un gâteau pour moi, s'il te plaît? 2. *Alex:* d'accord. Mais on prépare le gâteau ensemble. 3. *Jérôme:* Euh, … d'abord, je range ma chambre. Et puis j'écoute mes CD. 4. *Alex:* mais, c'est TON anniversaire!

Ecouter et lire

6 Trouve les différences

Ecoute et lis le document. Trouve les différences. Corrige le texte.
(Höre und lies das Dokument. Finde die Unterschiede. Verbessere den Text.)
Du kannst auf der DVD das Dokument auch als Video anschauen.

70

	différence	correction
1. – Bonjour, Antoine!	X	Salut
2. – Salut, Seb! Qu'est-ce que tu fais?!	☐	
3. – Ben, je cherche mon chien!	☐	
4. – Tu cherches ton chien …	☐	
5. – Oui!	☐	
6. – Dans la corbeille?!	☐	
7. – Aujourd'hui, c'est mon anniversaire et mon cadeau est peut-être ici. Mais où?!!	☐	
8. – Tu es curieux, toi!	☐	
9. – Ben … oui!	☐	
10. – Moi aussi, je suis curieux. On range ensemble?	☐	
11. – D'accord!	☐	

THEATRE

7 Nous faisons du théâtre.

Schreibt Szenen für kleine Theaterstücke, die ihr im Laufe des Jahres vor Publikum aufführt. Ihr könnt den Inhalt frei erfinden. Vielleicht gefällt euch aber auch die folgende Idee:

Mehr dazu cp28s4

Lisa wird heute 11 Jahre alt. Sie ist wütend, denn den Hund, den sie sich von ihren Eltern gewünscht hat, bekommt sie nicht. Hundehaltung ist in ihrem Wohnhaus verboten. Die Nachbarin schenkt ihr stattdessen einen rosa Plüschhund, doch den findet Lisa scheußlich. Sie geht zu Alex. Als Überraschung bereiten die neuen Freunde für Lisa ein Fest bei Alex und Jérôme zu Hause vor. Mehdi und Léo bringen einen Kuchen mit. Als Lisa kommt, ist die Überraschung perfekt. Alle gratulieren ihr. Alex, Marie und Jérôme wissen, dass Lisa sich einen Hund gewünscht hat. Sie schenken ihr ein Buch über Hundehaltung. Lisa zeigt ihnen den „Hund", den sie bekommen hat.

quarante-six

Unité 4

Au collège Balzac

Découvertes

Vis-à-vis

1 Mais qui est Honoré de Balzac? (nach SB S. 60)

Voilà mon école, le collège-lycée Honoré de Balzac, à Paris. En France, l'école pour les élèves de 11 à 15 ans s'appelle «le collège». L'école pour les élèves de 15 à 18 ans, c'est «le lycée». Là, on passe le bac.

Nom: Honoré de Balzac
Profession: Ecrivain
Né le 20 mai 1799 à Tours
Mort le 28 août 1850 à Paris
Nombre de romans: 91
Titres de ses principaux romans: La comédie humaine, La peau de chagrin, Le Père Goriot, Les Chouans …

***Médiation:** Du bist in Frankreich. Schreibe deinen Eltern, was du über Maries Schule weißt.*

Marie geht in eine Schule, die nach einem Schriftsteller benannt ist:

Honoré de Balzac. Er ist 1799 in Tours geboren und 1850 in Paris

gestorben. Er hat 91 Romane geschrieben. Das ist eine Menge! Maries Schule besteht aus zwei Teilen:

Ein „collège" für die Kinder von 11–15 Jahren und ein „lycée" für die Schüler

von 15–18 Jahren. Am Ende können sie dort das Abitur ablegen. Auf Französisch heißt es bac.

> **Vis-à-vis**
> Französische Schulen werden in der Regel nach einer großen französischen Persönlichkeit (Politiker, Poet, Wissenschaftler, …) benannt. Wie heißt deine Schule? Hast du schon darüber nachgedacht?

Atelier A

2 A propos du texte (nach SB S. 64, Nr. 4)

→ En plus, Nr. 1 △

Relis le texte à la page 63 de ton livre. Puis réponds aux questions. Beantworte dann die Fragen. Pour répondre, fais des phrases complètes. Schreibe deine Antworten in ganzen Sätzen auf.

1. Lundi, à 8 heures, dans la cour: Qui n'est pas là? ______
2. Qui est Mme Mangin? ______
3. Qu'est-ce que Léo trouve dans la cour? ______
4. Que fait Léo à la récréation de 10 heures? ______
5. Que font les élèves après la récréation de 10 heures? ______
6. Et où est la clé USB maintenant? ______

En forme

3 Oui ou non? (G 12) (nach SB S. 64, Nr. 6)

→ En plus, Nr. 2 △

Üben interaktiv 5en4ph

Réponds aux questions et utilise «ne … pas».
*(Antworte auf die Fragen und benutze „**ne … pas**".)*

1. Marie, tu aimes les jeux vidéo? (~~les jeux vidéos~~ / les livres)

   Non, je n'aime pas les jeux vidéo, j'aime les livres.

2. Léo, tu regardes la télé? (~~regarder la télé~~ / ranger sa chambre)

   Non, je ne regarde pas la télé, je range ma chambre.

3. Alex, tu habites rue Truffaut? (~~rue Truffaut~~ / rue Nollet)

   Non, tu ne habites pas la rue Truffaut, j'habite rue Nollet.

4. Mehdi, tu travailles? (~~travailler~~ / jouer avec Jérôme)

   Non, tu ne travailles pas, je joue avec Jérôme.

5. Jérôme, tu as onze ans? (~~onze ans~~ / treize ans)

   Non, tu ne as pas onze ans, je ai treize ans.

Jeu de mots

4 Où sont les personnes? (G 13) (nach SB S. 65, Nr. 8)

*Regarde les images et fais des phrases avec **«au / à la / à l' / aux»**.*

1. Marie est à la librairie-papeterie.
2. Léo et Mehdi sont à la cantine.
3. Mme Latière est à la maison.
5. M. Racine est au lit.
5. Jérôme est à l'infirmerie.
6. Alex est au CDI.
7. Moustique et Malabar sont aux toilettes

Jeu de sons

5 Je vais à Calais. (G 14) (nach SB S. 65, Nr. 8)

Üben interaktiv h26su3

Fais des rimes. *(Bilde Reime).*
Welche Form von ***aller*** *passt, damit ein Reim entsteht?*
Wähle das passende Personalpronomen: ***je, tu, il / elle / on, nous, vous*** *ou* ***ils / elles.***
Manchmal gibt es mehrere Möglichkeiten. je vais, tu vas, il

Exemple:
Il va ____ chez papa.

nous allons ____ à la maison.  nous allons ____ chez Manon. 

je vais ____ rue Nollet. 

vous allez ____ au café. 

tu vas ____ chez Thomas.  tu vas ____ chez Sarah. 

En forme

6 Ils vont où? (G 13, 14) (nach SB S. 65, Nr. 8)

Üben interaktiv cj59zj

Raconte où vont les personnes. *(Erzähle, wohin die Personen gehen.)*

1. Je / collège
2. Elles / Alex
3. Tu / grand-père?
4. Vous / lit?
5. On / infirmerie
6. Je / toilettes?
7. Il / Léo
8. Vous / CDI?
9. Nous / cantine
10. Elle / Paris?

à
à l'
à la aux au
chez

1. Je vais au collège.
2. Elles vont chez Alex.
3. Tu vas chez grand-père?
4. Vous allez au lit?
5. On va à l'infirmerie.
6. Je vais aux toilettes?
7. Il va chez Léo.
8. Vous allez au CDI?
9. Nous allons à la cantine.
10. Elle va à Paris?

Ecouter

7 A la radio (nach SB S. 65, Nr. 9)

83

Üben interaktiv ya58h4

A *Du klickst im Internet französische Radiosender an.*
Achte auf die Uhrzeiten. Welcher Sender passt zu welcher Uhrzeit?
Ecoute les documents et écris le bon numéro. *(Schreibe die richtige Nummer auf.)*

Radio n° 2

Radio n° 1

Radio n° 3

Radio n° 4

B *Maintenant, écris l'heure. (Schreibe jetzt die Uhrzeit auf.)*

Radio n° 1: Il est une heure et demie
Radio n° 3: Il est dix heures et quart.
Radio n° 2: Il est midi ~~heures~~
Radio n° 4: Il est sept heures moins le quart

Atelier B

Jeu de mots

8 Les jours de la semaine (Die Wochentage) (nach SB S. 66, Nr. 1)

A *Ecris les lettres dans le bon ordre.*

Üben interaktiv 5z24hr

emecrdir	mercredi	**nldiu**		**iramd**	
ndiaechm		**envrddie**			
ieujd		**esadim**			

84

B *Die Freunde hinterlassen sich Nachrichten.*
Ecoute bien. Qui parle? Note le jour et l'heure.

Marie: mercredi, 2 h **Mehdi:** ______

Alex: ______ **Léo:** ______

Approche

9 Possessivbegleiter: notre / votre / leur / nos / vos / leurs (G 10, 16) (vor SB S. 69, Nr. 11)

A ***Travaillez à deux.*** *Jetzt seid ihr gefordert. Was unterscheidet Situation 1 von Situation 2? Achtet auf die Anzahl der „Besitzer". Geht euch ein Licht auf?*

Üben interaktiv 4a29bf

Warum verwendet man nicht dieselben Possessivbegleiter in Situation 1 und 2?

______

B ***Cherchez le bon adjectif possessif.***

1. Marie, tu aimes **t**a classe, **t**on collège et **t**es copains?

2. Marie et Alex, vous aimez **v**otre classe, **v**otre collège et **v**os copains?

3. Marie aime **s**a classe, **s**on collège et **s**es copains.

4. Marie et Alex aiment **l**eur classe, **l**eur collège et **l**eurs copains.

Les mots et les lettres

10 Au collège (nach SB S. 68, Nr. 5)

→ En plus, Nr. 3 △

Üben interaktiv fc3h3s

***Fais les mots croisés.** (Löse das Kreuzworträtsel.) Schreibe dann alle gelb unterlegten Buchstaben auf. Bringe sie in die richtige Reihenfolge, um das Lösungswort zu finden.*

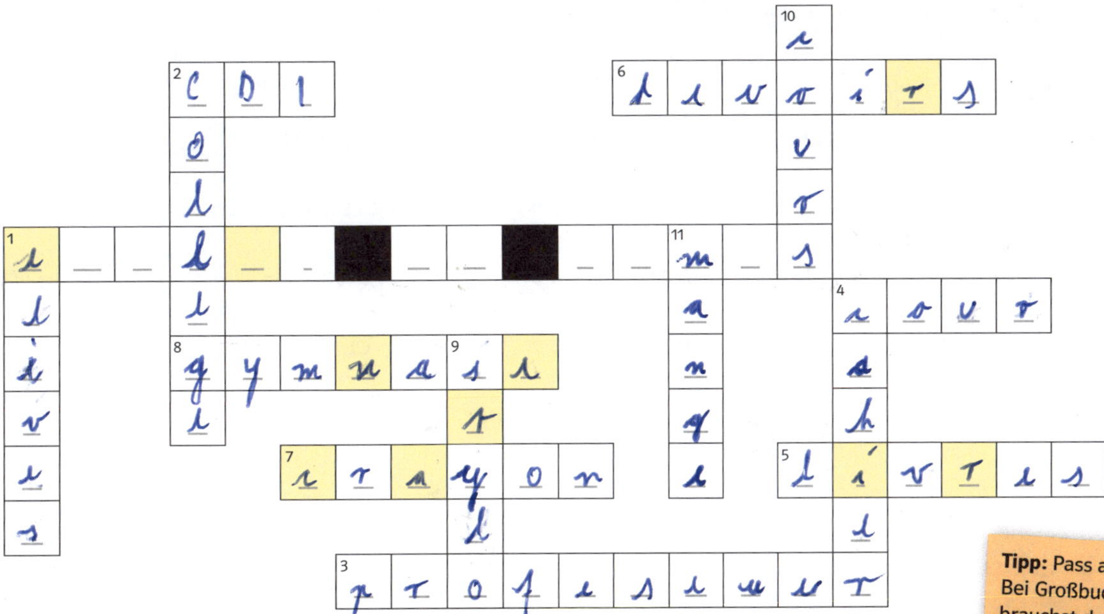

Tipp: Pass auf! Bei Großbuchstaben brauchst du hier keine Akzente zu setzen.

Lösungswort?

Horizontalement (Waagerecht): **1.** – A quelle heure est-ce que nous avons le cours d'allemand? – Mais regarde ton **?**. **2.** Léo travaille sur l'ordinateur. Il est au **?**. **3.** Le **?** fait un cours d'allemand avec les élèves. **4.** Pendant la récréation, les élèves sont dans la **?**. **5.** Mme Latière aime les **?**. **6.** Après les cours, les élèves font leurs **?**. **7.** Léo fait les mots croisés avec un **?**. **8.** La salle pour le sport, c'est le **?**.

Verticalement (Senkrecht): **1.** A l'école, il y a des professeurs et des **?**. **2.** Les élèves de 11 à 15 ans vont au **?**. **4.** Léo fait ses devoirs dans un **?**. **9.** Léo fait ses devoirs avec un **?**. **10.** Aujourd'hui, les élèves ont un **?** d'allemand. **11.** Alex **?** à la cantine.

En forme

11 faire (G 15) (nach SB S. 68, Nr. 6)

→ En plus, Nr. 4 △

Üben interaktiv 7pc5j5

*Complète le texte avec les formes de **«faire»**.*

1. Des élèves de la 6ᵉB ____________________ quelque chose pour leur classe.
2. *Sébastien arrive et dit:* «Qu'est-ce que vous ____________________?»
3. *Fanny:* Nous ____________________ un journal pour notre classe.
4. *Sébastien:* On ____________________ le journal ensemble?
5. *Farid:* D'accord. Qu'est-ce que tu ____________________, toi?
6. *Sébastien:* Moi, je ____________________ des mots croisés et des virelangues. Ecoutez.

85 ***A toi, maintenant!** (Jetzt bist du dran.) **Ecoute et répète le virelangue.** (Wiederhole den Zungenbrecher.)*

Jeu de sons

12 [ʃ] ou [ʒ] ou [g]? (nach SB S. 69, Nr. 9)

86 Üben interaktiv sc627w

A *Lege deine Hand an deinen Kehlkopf. Sprich folgende Wörter laut und langsam aus. Was spürst du in deinem Hals?*

1. Beim stimmlosen **[ʃ]** („Chut! Le chien!"): Mein Kehlkopf vibriert ☐ / vibriert nicht ☐.
2. Beim stimmhaften **[ʒ]** („Je joue."): Mein Kehlkopf vibriert ☐ / vibriert nicht ☐.

B *Les mots et les lettres: Ecoute les mots et complète avec les lettres* ***«g», «j» ou «ch».***

______ez	______anvier	man______eons	______arçon
affi______e	bon______our	bou______ie	______omme
diman______e	______eudi	______gymnastique	

– Wie wird „g" vor „e / i / y" ausgesprochen?
[ʒ] ☐ [g] ☐

– Wie wird „g" vor „a / o" ausgesprochen?
[ʒ] ☐ [g] ☐

Ecrire

13 Qu'est-ce que tu fais? (G 12–14) (nach SB S. 68, Nr. 7)

Pierre möchte Marie am Mittwoch ins Kino einladen. Schau dir Maries Terminkalender an und schreibe ihm eine kurze E-Mail. Erkläre, wann Marie was macht und wohin sie geht oder nicht geht. Wann hat sie überhaupt Zeit fürs Kino? ***Ecris le mail dans ton cahier.***

09:00-10:00	école
10:00-11:00	
11:00-12:00	
12:00-13:00	~~cantine~~ (maison)
14:00-15:00	cours de musique
15:00-16:00	cours de tennis
16:00-17:00	–
17:00-18:00	–
18:00-19:00	chez Amélie

De:
À:
Objet:

Salut Pierre,
Mercredi, je vais à l'école… ______________________

____

____

____

En forme

14 Ce sont vos clés? (G 10, 16) (nach SB S. 69, Nr. 12)

In diesen Sätzen fehlen die Possessivbegleiter. Welche passen? ***Complète les phrases.***

1. C'est ton sac, Marie? – Non, ce n'est pas son sac, c'est le sac de ma sœur Clara. **2.** – Ce sont vos clés, Mme Mangin? – Non, ce ne sont pas mes clés. **3.** Ce sont les clés de M. Racine. Que font ses clés ici? **4.** Nous aimons ses professeurs. Ils sont super! Et nous aimons aussi notre collège. **5.** Et vous, les élèves, vous aimez aussi vos professeurs et votre collège? **6.** – Ce sont les crayons et le cahier de Mehdi? – Oui, ce sont mes crayons, mais ce n'est pas ______ cahier. **7.** Voilà Mehdi et Léo avec mon professeur et ses copains.

Lire

15 Le lycée-collège Honoré de Balzac (bei SB S. 70, Nr. 1)

Actualités ...

Bienvenue au Collège-Lycée International de Paris Honoré de Balzac

«Honoré de Balzac» est un collège et un lycée. C'est le plus grand lycée collège de Paris: il y a 2000 élèves et 200 professeurs, 2 CDI, une bibliothèque internationale, une médiathèque, 4 gymnases, une salle des spectacles et même une piscine!
A «Balzac», on trouve des classes internationales avec des cours en anglais, en arabe, en espagnol et en portugais. Il y a aussi des cours de cirque, des cours de cinéma et de journalisme. Dans un gymnase transformé en studio, les élèves font des interviews pour la télé.

Üben interaktiv 2g2882

Dies ist noch einmal der Text, den du schon aus deinem Buch S. 68 kennst.

A *Unterstreiche alle Wörter, die dir bekannt vorkommen, weil sie einem deutschen Wort, einem Fremdwort oder einem englischen Wort ähneln.*

B *Trage in die folgende Tabelle mindestens zwei Wörter ein, die jeweils einem deutschen Wort bzw. einem Fremdwort entsprechen.*

C *Vielleicht findest du im Text auch französische Wörter, die Wörtern aus anderen dir bekannten Sprachen ähneln. Wenn ja, unterstreiche sie dann und trage zwei davon in die Tabelle ein.*

Französisches Wort	Deutsch / Fremdwort	Englisch	⟨Andere Sprachen⟩
bibliothèque	Bibliothek		

STRATEGIE

Manchmal führen dich Entsprechungen auf eine falsche Fährte.

„Collège" heißt natürlich nicht „Kollege".
Solche Wörter nennt man „falsche Freunde", auf Französisch „faux amis".

Warum ist das Wort „gymnase" im Text oben ein „falscher Freund"?

Es heißt auf Deutsch nicht ______________________,

sondern ______________________.

(* „gymnase" = „Sporthalle" in Frankreich; „Gymnasium" in der Schweiz.)

Pratique: tâches

Parler

16 Vis-à-vis: L'école (nach SB S.70)

Üben interaktiv aw5jk4

Du bist zum Austausch in Frankreich und lernst ein Mädchen / einen Jungen kennen. Ihr unterhaltet euch über die Schule. Einigt euch, wer welche Rolle übernimmt. Knicke das Blatt an der gestrichelten Linie. Mit den eckigen Klammern könnt ihr euch kontrollieren. Wechselt danach die Rollen. ***Jouez la scène.***

Toi	La fille / Le garçon
1. Du begrüßt das Mädchen / den Jungen und fragst, wie sie / er heißt.	**1.** [Salut. Tu t'appelles comment?]
2. [Je m'appelle …]	**2.** Sie / Er heißt …
3. Du möchtest wissen, ob sie / er auf das „lycée" geht.	**3.** [Tu vas au lycée?]
4. [Non, j'ai onze ans. Je vais au collège.]	**4.** Nein, sie / er ist 11 Jahre alt, sie / er geht auf das „collège".
5. Du möchtest wissen, wer in Frankreich auf das „collège" geht.	**5.** [Qui va au collège en France?]
6. [Les élèves de 11 à 15 ans vont au collège en France.]	**6.** Sie / Er erklärt, dass die Schüler von 11 bis 15 Jahren in Frankreich auf das „collège" gehen.
7. Du fragst, was sie / er morgen um 4 Uhr macht.	**7.** [Qu'est-ce que tu fais demain à 4 heures?]
8. [Demain, c'est jeudi. A 4 heures, je suis au collège. J'ai un cours de musique.]	**8.** Sie / Er antwortet, dass morgen Donnerstag ist und dass sie / er um 4 Uhr im „collège" ist. Sie / Er hat eine Musikstunde.
9. Du fragst, ob ihr danach zusammen spielen könnt.	**9.** [Et après? On joue ensemble?]
10. [Non. Après, je rentre à la maison et je fais mes devoirs.]	**10.** Nein. Sie / Er geht danach nach Hause und macht ihre / seine Hausaufgaben.
11. Du findest das schade. Ihr verabschiedet euch.	**11.** [C'est dommage. Alors, salut!]

Médiation

17 Vis-à-vis: une photo (nach SB S.71, Nr. 2)

Deine französische Brieffreundin / Dein französischer Brieffreund hat im Internet das folgende Foto aus Deutschland entdeckt. Sie / Er schickt dir den Link und möchte wissen, was das Foto bedeutet. Du erklärst ihr / ihm das Foto in einer kurzen E-Mail.
Ecris le mail. *(60 mots maximum)* ***Pour t'aider*** *(um dir zu helfen):*
photo – fille – 5 ou 6 ans – première journée à l'école – cornet – cadeaux – bonbons, …

Salut,

____

____

A bientôt,

Überprüfe, was du kannst!

geht so ← ● → klappt noch nicht

● → prima

Im Cahier darfst du die Ampel ankreuzen. Vergleiche deine Lösungen mit den Lösungen auf Seite 100.

Bilan

1 Jeu de mots (nach SB S. 72, Nr. 1)

→ En plus, Nr. 1 △, 5 △, 6

Ich kann Wörter und Themen ordnen, um sie mir besser zu merken.

Cherche l'intrus. Puis écris le thème de chaque DVD dans la case.
(Schreibe dann das Thema jeder DVD in das Kästchen.)

Üben interaktiv 3rp33w

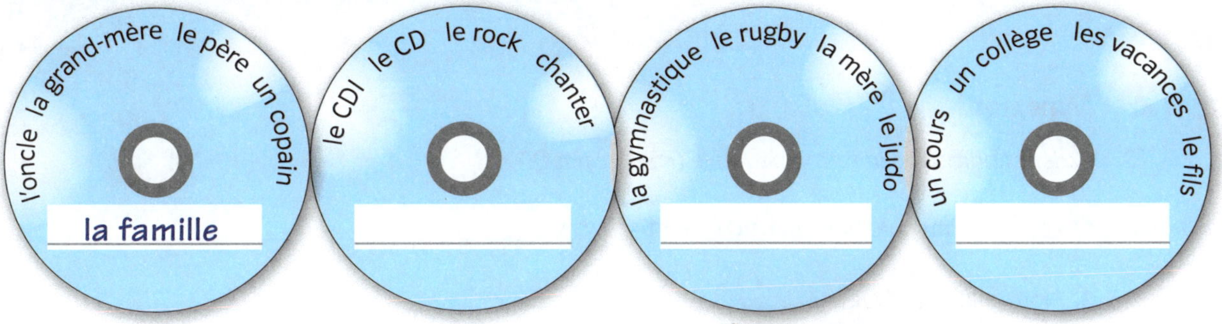

2 Médiation (nach SB S. 72, Nr. 4)

Ich kann einer Französin / einem Franzosen ein deutsches Dokument auf Französisch erklären.

Journée de jeux au collège.
Deine Klasse plant einen Spieltag für den 14. Juli.
Du möchtest deinem französischen Austauschpartner, der dich Mitte Juli besuchen wird, die Infos schriftlich mitteilen.
Ecris le mail dans ton cahier.

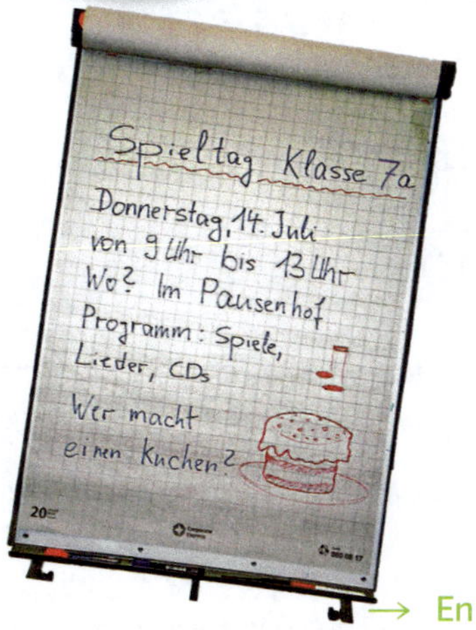

3 En forme (nach SB S. 73, Nr. 6)

→ En plus, Nr. 2 △, 4, 6 △

A Ich kann Sätze ***verneinen***.

1. Tu regardes la télé? – Non, ____________________
2. C'est la récréation? – ____________________
3. Tu habites à Paris? – ____________________

Üben interaktiv xz8w57

B Ich kann sagen, ***wo*** ich ***hingehe («aller à»)*** und was ich ***mache («faire»)***.

1. Je ________ ________ CDI et je ________ des exercices.
2. Vous ________ ________ Marie et vous ________ vos devoirs?
3. Ils ________ ________ école et ils ________ des jeux.

C Ich kann die ***Possessivbegleiter*** verwenden.

1. J'aime ________ frère, ________ sœur, ________ parents et ________ amie. *(mein)*
2. Clara et Gabriel, où est ________ cousin et où sont ________ cousines? *(euer)*
3. Mehdi et Karima regardent ________ frère et ________ parents. *(ihr-**Plural**)*

Die Lösungen findest du auf den Seiten 100 und 101.

En plus: différenciation

Ecouter et écrire

1 Dictée à deux

Diktiert euch gegenseitig den Text 4 A „La clé USB" auf S. 63 deines Buches. Korrigiert danach den Text eures Partners mit Hilfe des Textes im Buch.

Partner A: «Lundi ...» bis «Léo n'est pas là non plus.»
Partner B: «Huit heures moins deux ...» bis «... d'allemand arrive.»
Partner A: «Huit heures!» bis «... salle de classe.»
Partner B: «A la récréation ...» bis «... la clé est dans l'ordinateur.»

En forme

2 Mais non!

*Ecris les phrases à la forme négative (**«ne ... pas»**).*

1. Léo est là aujourd'hui. Léo n'est pas ______.
2. Nous allons au CDI. ______.
3. On regarde la clé USB. ______.
4. Tu trouves ça bien? ______?

Ecrire

3 Excusez-moi.

Qu'est-ce que tu dis dans les situations suivantes? (Bringe zunächst die Satzteile rechts in die richtige Reihenfolge. Schreibe auf, was du in den folgenden Situationen sagen würdest.)

1. Ein Freund fragt dich etwas. Du weißt es nicht.
______
2. Du kommst zu spät zum Französischunterricht. Du entschuldigst dich.
______
3. Ein Freund äußert seine Meinung. Du stimmst ihm zu.
______
4. Du bekommst eine tolle Note in einer Mathearbeit. Du glaubst zu träumen.
______
5. Du hast keine Uhr dabei und fragst nach der Uhrzeit.
______

rêve / un / C'est / !
moi / Excusez /.
pas / Je / sais / ne.
quelle / est-il / heure / Pardon /, / ?
as / Tu / raison / !

En forme

4 font / vont / sont / ont? *Complète le texte avec la forme correcte.*

1. Les copains *(font/vont)* ______ à l'école. 2. A sept heures et demie, ils *(sont/ont)* ______ devant le collège. 3. Ils *(sont/ont)* ______ cours à huit heures. 4. Ils *(vont/ont)* ______ une interrogation aujourd'hui. 5. Pour préparer l'interrogation, ils *(font/sont)* ______ encore des exercices ensemble. 6. A huit heures moins cinq, ils *(sont/ont)* ______ devant la salle de classe. 7. Ils *(ont/vont)* n'______ pas envie de faire l'interrogation.

Ecouter et écrire

5 Malabar cherche Moustique.

A *Ecoute le texte. Mets les images dans le bon ordre. Ecris le bon numéro dans les cases.*
(Höre den Text an. Bringe die Bilder in die richtige Reihenfolge. Schreibe die richtige Nummer in die Kästchen.)

87

B *Ecris l'histoire de Malabar en 5 à 7 phrases. Utilise* ***«dans, devant, derrière, sous, sur»****.*

Ecrire

6 Ta copine / Ton copain

Stelle deinen besten Freund / deine beste Freundin auf einem DIN-A4-Blatt wie eine Sonne dar. Du darfst alles nennen: Name, Vorname, Alter, Wohnort, Schule, Klasse, beliebte / unbeliebte Fächer, Freizeitbeschäftigungen und andere Dinge, die dir wichtig sind. Schreibe in ganzen Sätzen an die Strahlen. Dekoriere diese „Sonnen-Seite" mit Fotos oder Zeichnungen. Du kannst die Seite deinem Portfolio hinzufügen.

PORTFOLIO

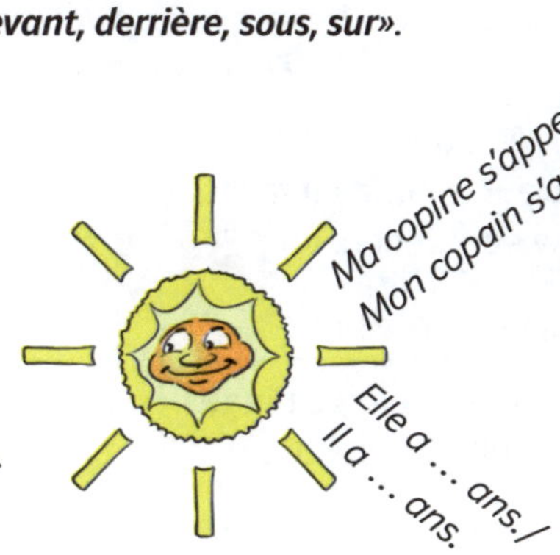

THEATRE

7 Nous faisons du théâtre.

Schreibt Szenen für kleine Theaterstücke, die ihr im Laufe des Jahres vor Publikum aufführt. Ihr könnt den Inhalt frei erfinden.
Vielleicht gefällt euch aber auch die folgende Idee:

Mehr dazu 5zr7ea

Lisas erster Schultag im Collège Balzac. Die Freunde warten vor dem CDI. Ein Schüler hilft Lisa und bringt sie hin. Es ist 07:55 Uhr, Marie ist noch nicht da. Erst als alle schon im Klassenraum sind, stürmt sie mit ihrer Schultasche herein. Sie öffnet diese und stellt erstaunt fest, dass ihr USB-Stick fehlt! Hat sie ihn vergessen? Oder verloren? Oder hat ihn jemand gestohlen? Sie braucht den Stick unbedingt, denn sie möchte ihren neuen Mitschülern Bilder von ihrer deutschen Heimatstadt zeigen und ihre Lieblingsmusik vorstellen. Ihre Deutschlehrerin hatte sie am Telefon darum gebeten, damit sie sich an der Schule schneller einleben kann. Doch wo ist der Stick? Lisa macht sich auf die Suche in der Umgebung. Ihre neuen Freunde helfen ihr.

PORTFOLIO

Das kann ich schon! (nach Unités 3 – 4)

Selbsteinschätzung: *Überprüfe, wie fit du bist. Kreuze an, wie deine Ampel steht (linke Ampel). Wenn du unsicher bist, wiederhole die Übungen, die in der rechten Spalte angegeben sind.*

Partnereinschätzung: *Ihr könnt euch auch gegenseitig einschätzen (rechte Ampel).*

Üben interaktiv 4n3xj5

Selbsteinschätzung vom: ______________ *Datum*   Partnereinschätzung vom: ______________ *Datum*

Sich auf Französisch verständigen	Selbst	Übungen	Partner
Ich kann sagen, wie alt ich bin, wann mein Geburtstag ist, und ich kann einen anderen danach fragen.	● ● ●	SB S. 54, Nr. 9 CdA S. 40, Nr. 12	● ● ●
Ich kann jemandem zum Geburtstag gratulieren.	● ● ●	CdA S. 35, Nr. 1 CdA S. 43, Nr. 17	● ● ●
Ich kann mich oder andere Personen mit Familie und Vorlieben / Abneigungen vorstellen.	● ● ●	SB S. 54, Nr. 10 CdA S. 42, Nr. 15	● ● ●
Ich kann nach der Uhrzeit fragen und die Uhrzeit nennen.	● ● ●	SB S. 62, Nr. 2 CdA S. 49, Nr. 7	● ● ●
Ich kann einen Tagesablauf beschreiben.	● ● ●	SB S. 65, Nr. 9 SB S. 65, Nr. 10	● ● ●
Ich kann ein Bild oder Foto mit einfachen Sätzen beschreiben.	● ● ●	SB S. 56, Nr. 5 CdA S. 54, Nr. 17	● ● ●
Ich kann auch Einzelheiten verstehen, wenn ich eine Szene sehe oder höre oder einen Text höre oder lese.	● ● ●	SB S. 70, Nr. 1 CdA S. 43, Nr. 18	● ● ●
Médiation: Ich kann einfache französische Informationen auf Deutsch und einfache deutsche Informationen auf Französisch wiedergeben.	● ● ●	SB S. 71, Nr. 2 CdA S. 54, Nr. 17	● ● ●

Vis-à-vis

Hier und dort			
Ich kann einige Dinge benennen, die zu einem Geburtstag in Frankreich gehören.	● ● ●	SB S. 52, Nr. 2 CdA S. 36, Nr. 3	● ● ●
Ich kann einige Merkmale eines französischen *collège* benennen und es mit einem deutschen Gymnasium vergleichen.	● ● ●	SB S. 61, SB S. 68 CdA S. 47, Nr. 1	● ● ●
Ich kann einen französischen und einen deutschen Stundenplan miteinander vergleichen und einige Unterschiede benennen.	● ● ●	SB S. 66, Nr. 2	● ● ●

Stratégie

Gewusst, wie …			
Ich kann einen Text, den ich geübt habe, flüssig vorlesen.	● ● ●	SB S. 50, Nr. 9	● ● ●
Ich kann zu einem vertrauten Thema (z. B.: Familie, Schule, Hobbys) ein Wortnetz zusammenstellen, das mir beim Lernen und Behalten hilft.	● ● ●	SB S. 66, Nr. 3 CdA S. 38, Nr. 8	● ● ●
Ich kann einem Text das Thema und wichtige Informationen entnehmen, auch wenn ich nicht alle Wörter verstehe. Unterstreichungen helfen mir dabei.	● ● ●	CdA S. 42, Nr. 16 CdA S. 53, Nr. 15A	● ● ●

Schau dir die Liste noch einmal an: Wähle die Einträge aus, bei denen du die grüne Ampel angekreuzt hast. Übertrage sie auf das Poster am Ende des „Cahier“.

Lösungen und Tipps findest du auf S. 101.

Révisions (nach Unités 3 – 4)

eu de sons

1 Cherche l'intrus.

Üben interaktiv i5eb95

Welches Wort enthält nicht den angegebenen Laut? ***Barre ce mot.***

[ə] comme «le»	**regarder**	**faisons**	**tante**	**au revoir**	**monsieur**
[e] comme «les»	**clé USB**	**merci**	**chez Mehdi**	**cahier**	**journée**
[ɛ] comme «très»	**frère**	**super**	**grand-père**	**en retard**	**affaire**
[œ] comme «ordinateur»	**professeur**	**heure**	**sœur**	**peur**	**gâteau**

eu de mots

2 Toujours le contraire!

Üben interaktiv c827v3

Complète les phrases. *Ecris le contraire. (Vervollständige die Sätze. Schreibe das Gegenteil.)*

1. 

Alex cherche ______ Malou.

Jérôme trouve ______

2. 

Léo ______ les chiens.

Mme Latière ______

3. 

Malabar est ______

Malou ______

4. 

______

______

En forme

3 L'allemand et le français

Üben interaktiv ky5h8c

Ecris en français. Attention à la forme «ihr/Ihr»!

1. Mme Mangin sucht ihren USB-Stick.

______

2. Singt ihr für Marie? Es ist ihr Geburtstag.

______

3. Ist das Ihr Hund, Frau Pirou?

______

4. Marie und Alex mögen ihre Schule gern.

______

Lösungen und Tipps findest du auf den Seiten 101 und 102.

On prépare le DELF (nach Unités 3 – 4)

Mit dem DELF-Zeugnis hast du eine Trumpfkarte in der Hand!
Mit den folgenden Übungen kannst du trainieren.

Mini-DELF-Prüfung	
mögl. Punkte	deine Punkte
4	

1 Compréhension de l'oral

91 **A** *Ecoutez les documents. Associez chaque situation à une photo. Ecrivez le numéro du document dans la bonne case. Regardez d'abord les photos.*

92 **B** *Lisez d'abord les questions, écoutez le document, puis répondez aux questions.*

1. Qui téléphone? ☐ Christophe ☐ Julien ☐ Philippe

2. Il fait les devoirs ☐ de français. ☐ de maths. ☐ d'anglais.

3. Il téléphone pour aller au club de ☐ tennis. ☐ foot. ☐ rugby.

4. Son numéro de téléphone, c'est le 0 ____ 31 _____ 27 15.

Summe „Compréhension de l'oral"

Aufgabe 1	
mögl. Punkte	deine Punkte
1	
1	
1	
1	
8 *Summe*	

2 Compréhension des écrits

Subjet:
Coucou Albertine,
Le cirque, c'est samedi après-midi. Tu viens?
Marie n'a pas envie. Mais moi, oui.
A samedi donc chez Valentine à 3 heures!
♥ ♥ ♥ Anne

A *Lisez le message. Répondez aux questions.*

1. Le message est pour ☐ Albertine. ☐ Anne. ☐ Valentine.

2. Qui ne va pas au cirque? ☐ Anne ☐ Marie ☐ Valentine

3. Le rendez-vous est à quelle heure? ______________

4. Chez qui est le rendez-vous? ☐ Anne ☐ Marie ☐ Valentine

Aufgabe 2 A	
mögl. Punkte	deine Punkte
1	
1	
1	
1	

B *Lisez l'annonce.*
Répondez aux questions.

Cirque du Soleil
à Annecy
du 25 septembre
au 25 octobre

Billets
Plein tarif: 25 €
Tarif réduit
(élèves, étudiants, seniors): 12,50 €

1. Comment s'appelle le cirque? ______________

2. Il reste à Annecy ☐ 2 semaines. ☐ 3 semaines. ☐ un mois.

3. Un billet pour les filles coûtent __________ euros.

Total „Compréhension des écrits"

Aufgabe 2 B	
mögl. Punkte	deine Punkte
1	
1	
2	
8	

Gesamtsumme

3 Production écrite

A *Pour avoir des informations régulières sur «Radio Junior», votre radio préférée en France, vous remplissez un formulaire sur Internet.*

Nom, Prénom: ______________________

Ecole: ______________ **Classe:** ______________

E-mail: ______________ **Anniversaire:** ______________

Dans votre programme, j'aime: ______________________

Aufgabe 3 A	
mögl. Punkte	deine Punkte
1	
1	
1	
1	

B *Tu es à Paris, dans une famille française. Tu aimes Paris. Tu écris un courriel à une copine française / un copain français. (20 mots environ)*

De:

A:

Objet:

Aufgabe 3 B	
0,5	
0,5	
0,5	
2,5	
8 Summe	

4 Production orale

A *L'examinateur[1] pose des questions et vous répondez. (1 minute environ)*

1. Tu t'appelles comment? Tu habites où?
2. Tu as un chien ou un chat?
3. Qu'est-ce que tu fais avec tes amis?
4. Qu'est-ce que tu aimes au collège?

Deine Partnerin / Dein Partner spielt den Prüfer (l'examinateur) und vergibt die Punkte.

Aufgabe 4 A	
mögl. Punkte	deine Punkte
1	
1	
1	
1	

B *Posez des questions à l'examinateur à partir des quatre cartes suivantes. (2 minutes environ)*

foot **anniversaire** **ordinateur** **famille**

Aufgabe 4 B	
4	
8 Summe	
32	
Gesamtsumme	

Auswertung:

1. Habe ich bei jedem der vier Aufgabenteile wenigstens zwei Punkte erreicht? ☐ Ja ☐ Nein
2. Habe ich insgesamt 16 oder mehr als 16 Punkte? ☐ Ja ☐ Nein

Zweimal „Ja"? Prima! Du hast bestanden.

Unité 5

Un samedi dans le quartier

Découvertes

Vis-à-vis **1** **Joue au détective. (Spiele Bilddetektiv.)** (nach SB S.77)

Schaut euch die Bilder an und sagt, ob sie in Deutschland / in Österreich / in der Schweiz oder in Frankreich gemacht wurden und begründet dieses.

Dans Paris à vélo, on dépasse les autos,
A vélo dans Paris, on dépasse les taxis.

1.

2.

3.

4.

5.

6.

1. C'est ☐ en France ☐ en Allemagne ☐ en Suisse ☐ en Autriche parce que ______________________.

2. C'est ☐ en France ☐ en Allemagne ☐ en Suisse ☐ en Autriche parce que ______________________.

3. C'est ☐ en France ☐ en Allemagne ☐ en Suisse ☐ en Autriche parce que ______________________.

4. C'est ☐ en France ☐ en Allemagne ☐ en Suisse ☐ en Autriche parce que ______________________.

5. C'est ☐ en France ☐ en Allemagne ☐ en Suisse ☐ en Autriche parce que ______________________.

6. C'est ☐ en France ☐ en Allemagne ☐ en Suisse ☐ en Autriche parce que ______________________.

Atelier A

En forme

2 Le rêve d'Alex (G 17) (nach SB S. 79, Nr. 2)

A *Sépare les formes des verbes par un trait.*

font|êtes|regardons|parles|chante|aiment|habitez|sommes

Schreibe nun die Infinitive dieser Verben nacheinander in die rechte Spalte.

B *Lis le dialogue entre Alex et Marie. Complète avec les verbes au futur composé. (Ergänze die Verben im Futur composé.) Verwende die Verben, die du rechts hingeschrieben hast.*

1. *Marie:* Qu'est-ce que tu vas faire après l'école? — 1. faire
2. *Alex:* Hum, … je vais être une star de judo! — 2. êtes
3. *Marie:* Super! Et un soir, nous allons regarder la télé et … — 3. regardons
4. *Alex:* … surprise! On va parler de moi! — 4. parles
5. *Marie:* Et les copains et copines vont chanter ! — 5. chante
6. *Alex:* Tout le monde vont aimer Alex, la star de judo! — 6. aiment
7. *Marie:* Stop. Mais tu vas habiter loin, alors. — 7. habitez
8. *Alex:* Je ne sais pas, mais Léo et toi, vous allez être toujours mes amis. — 8. sommes

es mots et les lettres

3 Qu'est-ce qu'on va faire? (G 17) (nach SB S. 79, Nr. 2)

Üben interaktiv x376mt

Complète le dialogue entre Mehdi et Léo. Léo dit toujours ***«Non»***.

Mehdi: Qu'est-ce qu'on va faire samedi?

TIPP: Die Verneinung *ne … pas* umklammert immer das konjugierte Verb!

1. – On va jouer dans le parc? – Non, on ne va pas jouer dans le parc.
2. – Tu vas ranger ta chambre? – Non, je ne vais pas ranger ma chambre.
3. – Nous allons écouter tes CD? – Non, nous n'allons pas écouter mes CD.
4. – Marie va être chez toi? – Non, elle ne va pas être chez moi.
5. – Tes parents vont regarder tes devoirs? – Non, ils ne vont pas regarder mes devoirs.

Qu'est-ce que Léo va faire samedi? Tu as une idée?

Léo va jouer avec des copains.

Jeu de mots

4 L'appartement des Chabane (nach SB S. 81, Nr. 4)

Üben interaktiv 8d4v4d

A *Lis le texte dans ton livre à la page 80 et complète le dessin.*
Beschrifte mithilfe der Informationen aus dem Text (auf S. 80 deines Schülerbuchs) die Räume und Möbel, die dort vorkommen. Beschrifte dann die übrigen Räume.

la chambre de Marie et de Clara

la chambre de Gabriel, le frère de Marie et de Clara

le lit de Marie et de Clara

le salon

la table

la chambre des parents

la salle de bains

la cuisine

les toilettes

l'entrée

In der Wohnung haben sich Tiere versteckt. Findest du sie?

PORTFOLIO

B *Et chez toi? Dessine le plan des pièces chez toi.*
Zeichne den Grundriss der Räume bei dir zu Hause. Beschrifte die Räume wie du möchtest.
Fehlt dir ein Wort? Frage deine Lehrerin oder deinen Lehrer.
Gestalte den Plan schön aus. Ergänze z. B. Fotos.
Du kannst den Plan deiner Portfolio-Sammlung hinzufügen.

Vis-à-vis

Un appartement a une, deux, trois, quatre … **pièces**.
Une pièce **avec un lit**, c'est **une chambre**.

Atelier A

En forme **5** **Où est la clé?** (G 18) (nach SB S. 81, Nr. 6)

Üben interaktiv sb84d6

M. Barral, le concierge du collège, cherche des clés.
Complète avec «du, de la, de l', des».

Ecrire **6** **La semaine de Pia** (nach SB S. 81, Nr. 6)

Üben interaktiv s2w92q

A *Nachdem Pia aus Stuttgart in letzter Zeit nie online war, schreibt ihr Marie eine E-Mail. In ihrer Antwort-Mail schreibt Pia, warum sie an den beiden Tagen nicht kann. Sie macht einen anderen Vorschlag. (Auf S. 70 findest du Hilfen für Anfang und Ende einer E-Mail.)*

De:
À:
Objet: «Chat»: lundi soir ou jeudi soir

Salut Pia,
Tu as envie de chatter lundi ou jeudi soir, à 7 heures? Tu vas être devant ton ordi?

Bises,
Marie

Ecris la réponse de Pia.

De:
à:
Objet: Response: Chat: lundi soir ou jeudi soir

Salut Marie,
je ne envie pas de chatter lundi ou jeudi soir à 7 heures. Lundi j'ai le foot de 18:00 à 19:30

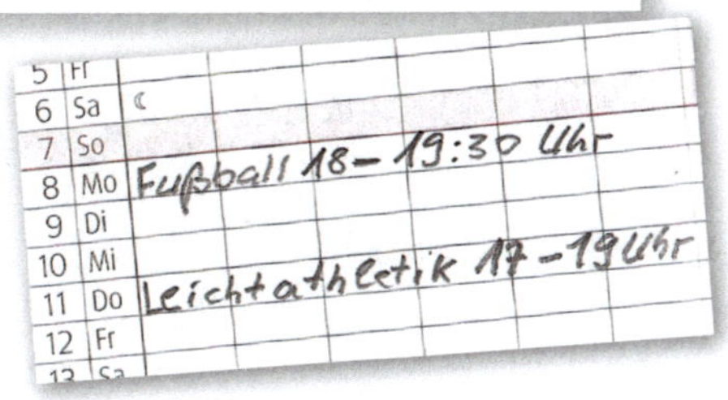

B *Morgens, nachmittags, abends? Mit wem spielt Moustique? Faites des rimes.*

L' ______________________________, je joue avec Lucie.

Le ______________________________, je joue avec Gaspard.

Et le ______________________________, je joue avec Romain.

Atelier B

En forme

7 L'impératif (G19) (nach SB S. 82, Nr. 1)

Üben interaktiv sp89yr

Betrachte die Tabelle und die folgenden Sätze. Kannst du den Code knacken?
Ecris ce que le prof dit. *(Schreibe auf, was der Lehrer sagt.)*

Ecoute.
N'écoutez pas.
Ecoutons.

1.	jouer la scène	Jouez la scène.
2.	parler	Ne parler pas.
3.	jouer au détective	Joue au détective
4.	chanter la chanson	Chantons la chason
5.	entrer	N'entrez pas.
6.	aller dans la cour	Ne vas pas dans la cour
7.	faire des phrases	Fait des phrases

Regarder, écouter et écrire

8 Plan du quartier (nach SB S. 82, Nr. 2)

112

Üben interaktiv x7b4xj

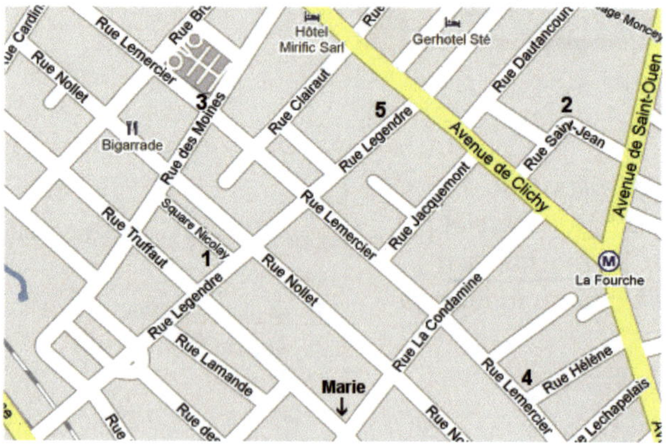

Vergleiche in dieser Aufgabe alle deine Lösungen mit einer Partnerin / einem Partner.

A *Du stehst an der Metro-Station «La Fourche». Du fragst nach dem Weg zu einer Boulangerie (A), einem Kino (B) und einer Apotheke (C). Höre die Wegbeschreibung an und zeichne die Wege in den Plan ein. Bei welcher Nummer landest du jeweils? Schreibe diese Nummer neben die Buchstaben.*
Maintenant, écoute les documents.

A = 5 B = 3 C = 2

B *Du möchtest Marie in der rue Truffaut 38 besuchen. Sie schreibt dir auf einem Zettel auf, wie du sie von der Metro-Station La Fourche aus finden kannst.*

Tu es sur l'avenue de Clichy.
Va d'abord tout droit. A la rue
La Condamine,

Le numéro 38 est au carrefour,
a droite.

C ***Médiation:*** *Jemand aus deiner Klasse möchte auch zu Marie gehen. Du erklärst ihr / ihm den Weg auf Deutsch.*

Wenn du in der avenue de Clichy bist,
gehe zuerst geradeaus. Bei der rue
La Condamine

Die Nummer 38 ist an der
Kreuzung rechts.

Atelier B

Les mots, les lettres

9 Est-ce que (G 20) (nach SB S. 84, Nr. 4)

A ***Ecris dans les silhouettes. Puis tire des traits entre les questions et les bonnes réponses.***
(Schreibe in die Silhouetten. Ziehe dann Striche zwischen den Fragen und den passenden Antworten.)

Qu'est-ce que ***tu as?*** – Non.

Est-ce que ***ça va?*** – Ici.

Où est-ce que ***tu as mal?*** – J'ai mal.

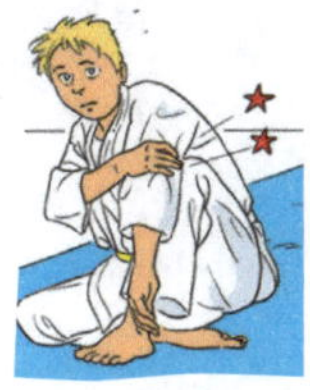

B ***Ecrire à l'aveugle*** *(Blindes Schreiben).*

STRATEGIE

Lies die Aufgabe 1 auf Seite 29 dieses Heftes durch.
Schreibe dann auf diese Art die Fragen aus Teil A.

En forme

10 Est-ce que (G 20) (nach SB S. 84, Nr. 5)

Üben interaktiv 6ea67y

A *Als Alex am Samstagnachmittag vom Judo nach Hause kommt, hat ihre Mutter wie immer viele Fragen.*
Lis les réponses et trouve les questions avec «est-ce que». *Achte auf die Markierungen.*

1. *Mme Guibert:* Est-ce que Marie fait aussi du sport?
   Alex: Oui, elle fait aussi du sport.
2. *Mme Guibert:* Quoi est-ce que Marie fait du sport?
   Alex: Elle fait de l'athlétisme et de la danse.
3. *Mme Guibert:* Est-ce que elle aime la danse?
   Alex: Oui, maman, elle aime la danse.
4. *Mme Guibert:* Où est-ce que Marie fait de la danse?
   Alex: Elle fait de la danse au collège. Oh! Toujours tes questions, maman!
5. *Mme Guibert:* Quand est-ce que elle fait danse?
   Alex: Elle fait de la danse le mercredi après-midi.
6. *Mme Guibert:* Comment est-ce que tu trouves la danse?
   Alex: Je trouve ça cool, la danse.
7. *Mme Guibert:* Est-ce que tu as envie de faire de la danse?
   Alex: Non, je n'ai pas envie de faire de la danse. Je fais déjà du judo. Ah, maman! J'aime tes questions!

B *Hier sind Schnieff und Schnuff.*
In Frankreich heißen sie „Boule et Bill".
Regarde les images et
écris deux ou trois phrases.

Atelier C

Jeu de sons

11 Jeu de sons [ʀ] (nach SB S. 85, Abschnitt 1)

113

Üben interaktiv 8s5b37

A *Où est-ce que tu entends un «r»?*
Ecoute bien et entoure les «r» que tu entends en vert.
(Wo hörst du ein „r"? Höre gut hin und umkreise die „r", die du hörst, grün.)

un roller · aller · un parc · un repas · une journée · jouer · chez · chercher · mais · tout · un tour · ce soir · toi · la mère

B ***Travaillez à deux. Lisez les mots.***
Achtet gut auf die genaue Aussprache.
Hört euch gegenseitig zu und korrigiert euch, wenn nötig.

Das ist ein französischer Abzählvers. Schaffst du es, ihn auswendig zu lernen?

Jeu de mots

12 On a faim et soif. (G 21) (nach SB S. 85)

Üben interaktiv 35m3xw

A *Entoure les mots que tu connais.*

B *Voilà Gabriel, Clara et Karima devant le stand de crêpes.*

r	m	p	a	c	l	x	p	d	j	n	e	p
c	o	r	n	o	n	e	r	u	e	a	b	r
b	y	e	l	i	p	p	e	n	f	g	o	e
n	u	n	q	v	r	o	n	x	m	a	p	n
f	l	n	p	r	e	n	d	b	t	i	n	o
a	d	e	l	e	n	k	s	o	i	f	i	n
i	b	n	p	r	e	n	d	r	e	g	a	s
m	e	t	t	a	z	w	i	r	e	n	a	w

Complète le texte avec les mots de l'exercice 12 a.

1. *Clara:* J'ai ______________ . Vous aussi?
2. *Gabriel:* Oui! Je ______________ une crêpe.
3. *Karima:* Clara et moi, nous ______________ des gaufres. D'accord, Clara?
4. *Clara:* Oui. Vous avez ______________ ? Vous ______________ des cocas?
5. *Gabriel:* Je n'aime pas le coca. Hum, … qu'est-ce que je vais ______________ ?
6. *Clara:* Alors, Gabriel, ______________ un jus de pommes.
7. Gabriel ______________ un jus de pomme, et Clara et Karima ______________ des cocas.

Ecouter

13 Ça coûte combien? (nach SB S. 86, Nr. 5)

114

Üben interaktiv ga3d56

Ecoute et note les prix. *(Höre zu und notiere die Preise.)*

1. 

10 €

2. 

12 €

3. 
85 €

4. 
9,99 €

5. 
6,50 €

6. 

74 €

⟨Activités au choix⟩

Laufzettel

1 Laufzettel (SB S. 87–90)

Die Aufgaben, die in eurem Buch auf den Seiten 87–90 gestellt werden, könnt ihr selbstständig und in beliebiger Reihenfolge bearbeiten. Arbeitet immer zu zweit.
Damit ihr die Übersicht behaltet, könnt ihr hier die Aufgaben „abhaken", die ihr erledigt habt. Außerdem könnt ihr in die letzte Spalte schreiben, wie ihr die Aufgabe fandet. Diese Spalte kann jeder für sich ausfüllen.

	Aufgabe	Materialien	Wie war die Aufgabe für dich?	Fertigkeiten Kompetenzen	erledigt ✓
▲	**1 Une chambre à deux** (S2)	Buch S. 87, Nr. 1 Lösungshinweise: Buch S. 206	☐ leicht ☐ schwer, weil …	Ich kann Gebote und Verbote aussprechen	
△	**2 Qu'est-ce qu'on prend?** (S1)	Buch S. 87, Nr. 2 Lösungshinweise: Buch S. 206	☐ leicht ☐ schwer, weil …	Ich kann die Bedeutung von Ausdrücken erschließen	
▲	**3 Des activités pour tout le monde!** (S2)	Buch S. 88, Nr. 3 Lösungshinweise: Buch S. 206	☐ leicht ☐ schwer, weil …	Ich kann das Programm eines Jugentreffs auf Französisch erklären	
△	**4 L'agenda de Marie et d'Alex** (S1)	Buch S. 88, Nr. 4 Lösungshinweise: Buch S. 206	☐ leicht ☐ schwer, weil …	Ich kann ein Gespräch zwischen zwei Personen verstehen	
△	**5 Un rêve bizarre** (S1)	Buch S. 89, Nr. 5 Lösungshinweise: Buch S. 206	☐ leicht ☐ schwer, weil …	Ich kann sagen, wo etwas in einer Wohnung steht	
▲	**6 Qui est «Scoubidou»?** (S2)	Buch S. 89, Nr. 6 Lösungshinweise: Buch S. 206	☐ leicht ☐ schwer, weil …	Ich kann Fragen für eine Rätselaufgabe erfinden	
△	**7 Mon quartier et mes activités** (S2)	Buch S. 90, Nr. 7 **Achtung: Hilfen zur Vorbereitung im Cahier d'activités S. 71!** Lösungshinweise: Buch S. 206	☐ leicht ☐ schwer, weil …	Ich kann eine französische E-Mail verstehen und beantworten	

Ecrire

2 Mon quartier et mes activités (zu SB S. 90, Nr. 7 B)

Üben interaktiv m7u6tk

A *Comment écrire une* ***lettre / une carte / un courriel?***
(Wie schreibt man einen Brief / eine Karte / eine E-Mail?)

Die Anrede: Danach steht ein Komma. →	Cher (+ Jungenname), / Chère (+ Mädchenname), Bonjour, / Bonjour (+ Vorname), Salut, / Salut (+ Vorname),
Der Beginn: Man schreibt ***groß*** *weiter!* →	**M**erci beaucoup pour ton courriel. ...
Die Verabschiedung →	A bientôt, / Bises, / Salut, / A plus, (A+)
Der Name →	Laura / Ta copine Laura / Ton amie Laura Tim / Ton copain Tim / Ton ami Tim

B *Pour répondre au courriel de Valentin (Um auf Valentins E-Mail zu antworten)*

Kreuze an, was auf dich zutrifft:

Dans mon quartier,
Dans ma ville,
(In meiner Stadt)
Dans mon village,
(In meinem Dorf)
Là où j'habite,

il y a ...

- ☐ mon collège
- ☐ une école
- ☐ un terrain de sport
- ☐ un gymnase
- ☐ une piscine
- ☐ un parc
- ☐ une bibliothèque
- ☐ des magasins
- ☐ des cafés
- ☐ un cinéma

Comme activité(s), je fais ...

- ☐ de la natation (dans une piscine, ...)
- ☐ du foot (dans un club, ...)
- ☐ du roller (dans un parc, ...)
- ☐ de l'athlétisme (au terrain de sport, ...)
- ☐ de la gymnastique (dans un gymnase, ...)
- ☐ du vélo
- ☐ du judo
- ☐ du sport
- ☐ de la guitare (dans l'école de musique, ...)

Le week-end, ...
Le samedi, ...
Le dimanche, ...
Le matin, ...
A midi, ...
L'après-midi, ...
Le soir, ...

- ☐ je regarde la télé
- ☐ je fais un tour avec mes amis
- ☐ je suis devant mon ordinateur
- ☐ je joue aux jeux vidéo
- ☐ je fais des jeux avec ma famille
- ☐ je vais au cinéma avec mes parents
- ☐ on va chez les grands-parents
- ☐ je fais de la guitare / du piano
- ☐ je prends des cours de musique

Hier kannst du sammeln, was sonst noch für dich wichtig ist:

Joue au détective. (Spiele Buchdetektiv.) Im Vokabular deines Buches auf S. 149 findest du noch mehr Hilfen. Die Wortschatzzusammenstellungen in deinem Vokabular sind nützlich, wenn du über etwas reden oder schreiben möchtest. Wo findest du im Vokabular Unité 3 z. B. Wörter zum Thema „Familie"? Diese Wörter stehen auf Seite ________.

Überprüfe, was du kannst!
geht so ← ● → klappt noch nicht
● → prima
Im Cahier darfst du die Ampel ankreuzen. Vergleiche deine Lösungen mit den Lösungen auf Seite 102.

Bilan

1 Parler et écrire (nach SB S. 91, Nr. 1)

Ich kann eine Wohnung (1) und den Weg (2) beschreiben. Ich kann Speisen und Getränke (3) bestellen.

Complète les mots.

Üben interaktiv d3a2uw

1. Dans notre a __________, il y a une e ______, un s ____, deux c _________, une c _______, une salle de b ____ et des t ________.

2. Pour arriver chez moi, va tout d ____, tourne à g _____ et t _______ la place. J'habite à d ______.

3. Je prends trois g ______, cinq c ______, un c ___, une e __ minérale et un diabolo m _____. Eh oui! J'ai f ___ et j'ai s ___. Ça fait c ______?

2 En forme (nach SB S. 91, Nr. 2)

Üben interaktiv y9fh64

A Ich kann **Aussagen über die Zukunft** machen und dabei das **Futur composé** verwenden.

1. Demain, je ____________ du foot; je ne ____________ la télé.

2. Demain, on ____________ du roller; on ____________ pas ____________ au cinéma.

B Ich kann die Präpositionen ***à*** und ***de*** zusammen mit dem **bestimmten Artikel** verwenden.

1. – Tu vas où? ________ cantine? – Non, je vais ________ CDI et après, ________ infirmerie. Mais d'abord, je vais ________ toilettes.

2. – Tu fais ________ natation? – Non, je fais ________ foot et ________ athlétisme.

C Ich kann **Aufforderungen** aussprechen und dabei den **Imperativ** verwenden.

1. Tu vas à la piscine avec moi? – Oh oui, ____________ à la piscine ensemble!

2. Vous faites une copie des exercices? Non, ____________ ça!

3. Moustique, on joue ensemble? Viens! ____________ avec moi!

D Ich kann **Fragen** mit ***est-ce que*** stellen. Frage eine französische Freundin schriftlich, …

1. … ob sie einen Hund hat: ____________

2. … wo sie wohnt: ____________

3. … was sie Samstagmorgen macht: ____________

____

Lösungen findest du auf S. 98.

En plus: différenciation

Ecouter et lire

1 Chanson: Jean petit qui danse

A *Lis la chanson.*

B *Regarde «Jean petit» sur l'image. Colorie les parties du corps qui sont dans la chanson. (Male die Körperteile an, die im Lied vorkommen.)*

C *Pour écouter la chanson, demande à ton professeur ou regarde sur Internet. (Der Clip befindet sich auf der DVD, die der Lehrerausgabe des Cahier d'activités beiliegt.)*

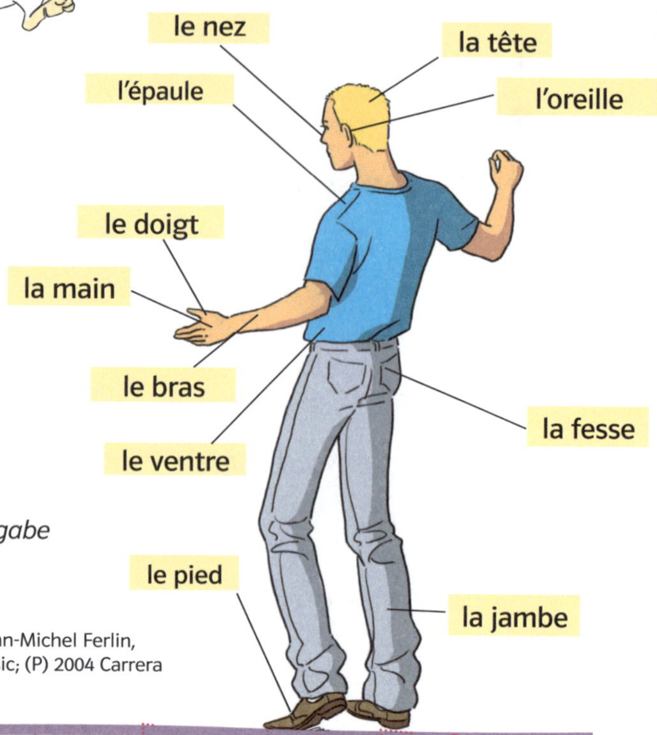

Jean petit qui danse
Jean petit qui danse
De son bras, il danse
De son bras, il danse
De son bras, bras, bras
Et de sa main, main, main
Et de son doigt, doigt, doigt
Hé! Ainsi danse Jean petit

Jean petit qui danse
Jean petit qui danse
De son pied, il danse
De son pied, il danse
De son pied, pied, pied
Et de son bras, bras, bras
Et de sa main, main, main
Et de son doigt, doigt, doigt
Hé! Ainsi danse Jean petit

… De sa jambe, il danse
… De son ventre, il danse
… De son épaule, il danse
… de son épaule, paule, paule
… de sa fesse, fesse, fesse …

THEATRE

2 Nous faisons du théâtre.

Schreibt Szenen für kleine Theaterstücke, die ihr im Laufe des Jahres vor Publikum aufführt. Ihr könnt den Inhalt frei erfinden. Vielleicht gefällt euch aber auch die folgende Idee:

Mehr dazu qp5982

Samstag. Alex geht zum Judo, Lisa und Marie gehen in den Park, wo sie die Jungen treffen. Zum Fußballspielen hat Marie keine Lust, Lisa schlägt ein anderes Ballspiel vor. Aber zuerst will sie für alle Crêpes kaufen und nimmt Moustique mit zum Crêpestand. Während Lisa bezahlt, läuft Moustique unbemerkt einem kleinen Hund hinterher. Als Lisa sein Verschwinden bemerkt, fragt sie verzweifelt Passanten nach dem Hund und ruft schließlich Marie auf dem Handy an. Alle machen sich auf die Suche. Die Besitzerin des kleinen Hundes bringt währenddessen Moustique verärgert zum Crêpestand zurück. Dort finden ihn dann auch Lisa und die anderen.

Unité 6

On fait la fête!

Découvertes

Vis-à-vis **1** **La tour Eiffel** (nach SB S. 92)

A *Du interessierst dich für den Eiffelturm. Im Internet findest du folgende Infobox. Lis le document.*

Vis-à-vis

Bei Dunkelheit funkelt der Eiffelturm wunderschön. Er gilt heute als Wahrzeichen von Paris und sogar von ganz Frankreich. Dabei fanden ihn viele Franzosen, als er für die Weltausstellung 1889 in Paris gebaut wurde, ziemlich hässlich und wollten ihn gleich wieder abreißen.
Kennst du ein Gebäude in deinem Land, das eine ähnlich große Bedeutung hat?

Constructeur:	Gustave Eiffel
Quelques chiffres	
Hauteur:	312 m
Nombre de marches:	1665
Poids total:	10 100 tonnes
Nombre de personnes qui travaillent sur la tour:	620
Nombre d'ampoules:	20 000
La peinture	
On peint* la tour tous les 7 ans. Pour cela, on a besoin de 25 peintres et de 60 tonnes de peinture pendant 15 à 18 mois.	

Was hast du erfahren? Ecris les informations ici.

Der Eiffelturm hat ____________ Stufen. Er ist ____________ Meter hoch und wiegt ________________ Tonnen.

Um ihn funkeln zu lassen, braucht man _______________ Birnen. Auf dem Eiffelturm arbeiten ____________

Menschen. Er wird alle _______ Jahre gestrichen. Dazu brauchen _______ Maler, _______ Tonnen Farbe und

________________ Monate. Der Eiffelturm ist nach seinem Erbauer ___________________________________

benannt.

B *Findest du auch folgende Infos heraus? Cherche sur Internet. (Travaillez à deux.) Wann hat der Erbauer vom Eiffelturm gelebt.*

Er hat von ____________ bis ____________ gelebt.

An welchen anderen Gebäuden / Konstruktionen war er beteiligt? Berichte in der Klasse.

***on peint:** *man streicht / malt … an*

Atelier A

Approche

2 Le passé composé (nach SB S. 93, Nr. 2)

Üben interaktiv 96rv38

Im Text auf S. 93 deines Buches hast du einige Formen des Passé composé kennen gelernt. Schaffst du es schon, die folgende Tabelle zu füllen? Complète le tableau.

Infinitif	Présent	Passé composé
Exemple: **ranger**	**il range**	**il** a rangé
poser	**je** ______	**j'** ______
______	**tu discutes**	**tu** ______
______	**elle** ______	**elle a téléphoné**
faire	**nous** ______	**nous** ______
______	**vous parlez**	**vous** ______
______	**ils** ______	**ils ont regardé**
écouter	**j'** ______	**j'** ______

Mediation

3 Das Wichtigste herausfinden (nach SB S. 95, Nr. 6)

STRATEGIE

Manchmal fragt dich deine Mutter oder dein Vater vielleicht:
„Worum geht es eigentlich in diesem Text aus deinem Französischbuch?"
Sie erwarten dann keinen Roman von dir, sondern einfach, dass du ihr / ihm das Wichtigste sagst.
Das Wichtigste steckt meist in den Schlüsselwörtern (mots-clés) eines Textes.

Stell dir vor, deine Eltern stellen dir die Frage zum Text „Taxi!" auf S. 79 deines Buches. Welche der folgenden Wörter oder Ausdrücke sind deiner Meinung nach für den Text wichtig? Kreuze die richtige Antwort an.

1. *Welche Wörter / Ausdrücke beschreiben Alex' Situation?*

Alex – passer la nuit – chez Marie ☐ oder **Alex – poser – l'entrée** ☐

2. *Welche Wörter / Ausdrücke beschreiben Alex' Wunsch?*

demain soir – affaires de judo – ma puce ☐ oder **Papa – le sac – la voiture** ☐

3. *Welche Wörter / Ausdrücke beschreiben die Reaktion des Vaters?*

comment? – ton taxi – mon sac ☐ oder **pas loin – porter ton sac – à pied** ☐

B *Wie würdet ihr eurer Mutter / eurem Vater den Text kurz auf Deutsch erzählen? Erprobt es zu zweit.*

En forme

4 Le mail de Lilou (G 22) (nach SB S. 96, Nr. 8)

→ En plus, Nr. 1 △

Üben interaktiv 9ea9ha

Dans un e-mail, Lilou raconte à sa copine Emma sa première journée à Paris.
Raconte au passé (composé). Erzähle in der Vergangenheit. (Im Passé composé.)

À:
Objet: Paris

Salut Emma,

Hier, ma mère a cherché (chercher) son amie, Mme Chabane, dans la gare.

On ______ (regarder) à gauche et à droite, et enfin,

nous ______ (trouver) la famille Chabane!

Le soir, leurs filles Marie et Clara ______ (faire) une petite fête pour nous.

Marie ______ (faire) des crêpes. Moi, j' ______ (jouer) avec Moustique, leur chien,

et j' ______ (danser) avec Gabriel, le petit frère de Marie.

Et toi, qu'est-ce que tu ______ (faire) hier?

A bientôt! Bises, Lilou

P. S.: Mon copain Antoine n'a pas téléphoné (ne pas téléphoner) hier.

Alors, nous ______ (ne pas discuter) ensemble et

il ______ (ne pas raconter) où il passe ses vacances. C'est triste.

Et toi, tu ______ (ne pas regader) tes mails, hier?

Ecrire

5 Gabriel à la gare (G 22) (nach SB S. 96, Nr. 8)

Wie könnte Gabriel sein Erlebnis am Bahnhof erzählen?
Travaillez à deux. Regardez les images et racontez l'histoire au passé (composé).
Les mots à droite vont vous aider.

- hier – à la gare – écouter – trois chanteurs super
- d'abord – ils – chanter – puis – danser
- tout le monde – aimer – leur musique
- puis – chanter avec les chanteurs
- ils – ne pas aimer ça – quitter la gare

Commencez comme ça: 1. Hier, à la gare, j'ai écouté trois … Continuez dans votre cahier.

En forme

6 Masculin ou féminin? (G 23) (nach SB S. 96, Nr. 9)

138

A *Höre die Sätze an. Wenn du ein Mädchen bist, dann stehst du bei den weiblichen Adjektiven auf, wenn du ein Junge bist, nur bei den männlichen. Du hörst den Text erst einmal ganz, damit du dich vorbereiten kannst. Maintenant, écoute les phrases.*

B *Du möchtest nun beschreiben, wie jemand oder etwas ist. Denke daran, dass sich das Adjektiv auch nach **être** verändert. Das ist anders als im Deutschen. Ecris en français. Attention à l'accord des adjectifs.*

Mehdi est content.
Alexandra est content**e**.
Mehdi et Léo sont content**s**.
Alexandra et Marie sont content**es**.

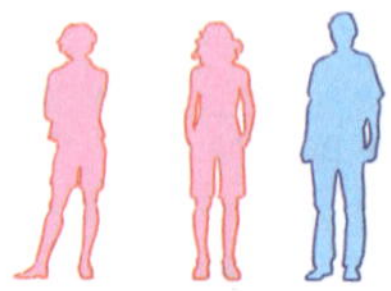

1. Marion und Manon sind groß. — Marion et Manon sont grandes.
2. Clément ist groß. — Clément est grand.
3. Louise und Antoine sind groß. — Louise et Antoine sont grands.
4. Valentin und Romain sind klein. — Valentin et Romain sont petits.
5. Sarah ist klein. — Sarah est petite.
6. Léa und Marie sind klein. — Léa et Marie sont petites

En forme

7 C'est ma classe. (G 23) (nach SB S. 96, Nr. 9)

Üben interaktiv eb3d2v

Marie zeigt Lilou ein Foto ihrer Klasse. Complète le texte. Attention à la forme et à la place des adjectifs. Setze die Adjektive in der richtigen Form an die richtige Stelle.

1. *Marie:* Voilà une bonne photo ______ de ma classe. — bon
2. *Lilou:* Le grand ✓ garçon ______ à droite, qui est-ce? — grand
3. *Marie:* C'est Paul. Il a une ______ sœur sympa. C'est ma copine. — sympa
4. *Lilou:* Et la jolie ✓ fille ______ à gauche? — joli
5. *Marie:* C'est Léa. Oui, elle est jolie ✓ et vraiment cool ✓. — joli, cool
6. *Lilou:* Est-ce que tu as des bonnes profs ______? — bon
7. *Marie:* Oui. Ils donnent des intéressants cours ______. — intéressant

Atelier B

En forme

8 mettre (G 25) (nach SB S. 97, Abschnitt 1)

Üben interaktiv gz363m

Fais les mots croisés.

Horizontalement: **1.** M. Chabane **?** sa voiture devant le magasin. **2.** Qu'est-ce que je vais **?** pour la fête? **3.** Clara et Marie, **?** les clés sur la table. **4.** Pour le bal, je **?** ma robe jaune.

Verticalement: **1.** Gabriel, ne **?** pas toujours ton t-shirt sur mon lit! **4.** Les élèves **?** leurs cahiers dans leurs sacs.

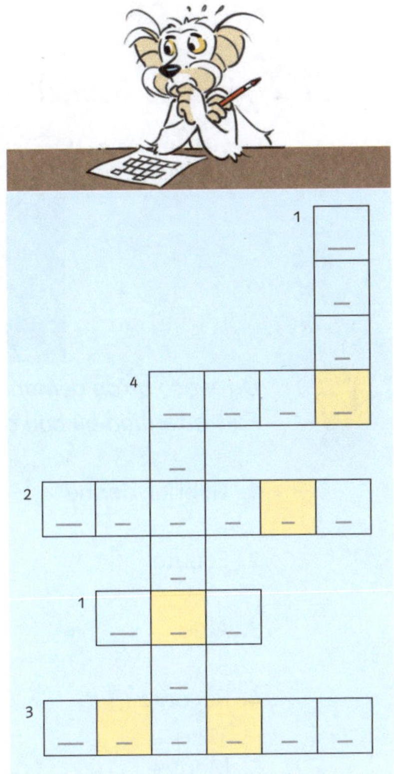

Schreibe nun alle gelb unterlegten Buchstaben auf. Bringe sie in die richtige Reihenfolge, um das Lösungswort zu finden. (Es ist ein Verb. Den ersten Buchstaben musst du 2x verwenden.)

Lösungswort? _ _ _ _ _ _

eu de sons

9 [e] ou [ɛ]? (nach SB S. 99, Nr. 3)

139

Üben interaktiv uv56ue

A *Ecoute d'abord les mots. Puis classe les mots. (Sortiere die Wörter.)*

Schreibe die Nomen mit ihren Artikeln (un / une). Wo kannst du nachschlagen, wenn du dir nicht sicher bist?[1] Und noch eine Entdeckerfrage: Ein Wort ist maskulin und feminin und enthält beide Laute [ɛ] und [e]. Schreibe dieses Wort mit beiden Artikeln auf den untersten langen Stein. Ein Stein in dem Stapel bleibt übrigens leer.

[ɛ]	[e]
Avec	une idée

B *Dictée à deux. Seht die Wörter noch einmal gut an, sprecht sie mit leiser Stimme. Diktiert euch dann die Wörter und kontrolliert euch gegenseitig.*

1 In der Liste des mots in deinem Buch ab S. 192.

En forme

10 Toujours Gabriel! (G 24) (nach SB S. 99, Nr. 5)

Üben interaktiv ew94tu

Qu'est-ce qu'on demande toujours à Gabriel de faire? Complète les phrases avec les mots donnés. Fais attention au bon ordre des mots dans la phrase et utilise la préposition «à» si nécessaire (wenn nötig).

1. Gabriel, donne la pomme à le chien. (au)
2. Ecoute ton père.
3. Aide ta mère.
4. Raconte ton histoire à les filles. (aux)
5. Montre tes devoirs à ta sœur.
6. Téléphone à ton oncle.
7. Pose tes questions à Marie.

la pomme · chien · ton père · ta mère · filles · ton histoire · tes devoirs · ta sœur · ton oncle · Marie · tes questions

STRATEGIE

Lerne die französischen Verben immer zusammen mit den Ergänzungen.
Im Vokabelteil steht z. B. **„donner qc à qn = jdm etw geben"**.
Das **„à qn"** zeigt dir, dass das Verb ein indirektes Objekt haben kann.

Jeu de mots

11 Vêtements et couleurs (G 23) (nach SB S. 100, Nr. 8)

→ En plus, Nr. *2, **4

Üben interaktiv t2u3v4

Regarde les vêtements et les couleurs.
Qu'est-ce que tu aimes et qu'est-ce que tu n'aimes pas? Fais des phrases.

Exemple: J'aime **les baskets blanches.**
Je n'aime pas **les chemises vertes.**

J'aime …
1. … le t-shirt bleu.
2. … le jean noir.
3. … la jupe blanches.

Je n'aime pas …
1. … la chemise vert.
2. … la robe grise.
3. … la chemise noir.

*un anorak: [ɛ̃nɔrak]

Pratique: tâches

Lire
Médiation
Ecrire
Ecouter

12 Le 14 juillet à Paris (nach SB S. 102)

→ En plus S. 85, Nr. 3 △; S. 86, Nr. 5 △

In diesem Jahr möchten deine Eltern mit dir das große Feuerwerk besuchen, das am 14. Juli, dem französischen Nationalfeiertag, am Eiffelturm stattfindet. (Du hast dich auf S. 74, Nr. 1 schon über den Eiffelturm informiert.) Nun sollst du herausfinden,

- *was ihr am 14. Juli in Paris unternehmen könnt,*
- *ob eure französischen Bekannten, die in Paris wohnen, Lust haben, mit euch gemeinsam das Feuerwerk anzuschauen. Wenn ja, sollst du ein Treffen ausmachen.*

Üben interaktiv uh856d

A *Du surfst im Internet und findest folgende Ankündigung:*
Lis le document.

14 juillet: défilé, bal, concert, feu d'artifice et boutiques ouvertes

En ce jour de Fête nationale, un programme super à Paris!

- ▶ La fête commence à 10 h 30 avec le fameux défilé militaire sur les Champs-Elysées.
- ▶ Ensuite, vous pouvez assister à de nombreux bals dans toute la ville. Venez par exemple à 14 h 30 au Forum des Halles: le Funky Bal est un bal très sympathique.
- ▶ Plusieurs concerts sont organisés: le plus grand commence à 19 heures sous la tour Eiffel.
- ▶ Venez regarder le feu d'artifice près de la tour Eiffel: début 22 h 45 – fin 23 h 20.
- ▶ Attention: certaines boutiques sont ouvertes toute la journée du 14 juillet.

Du hast die Seite ausgedruckt und unterstreichst dir zunächst die wichtigsten Programmpunkte mit ihren Uhrzeiten. Dann schreibst du auf Deutsch auf einen Zettel, wann was wo stattfindet. So kannst du mit deinen Eltern besprechen, wohin ihr geht.
Ecris tes notes ici.

Wann?	Was?	Wo?
10 Uhr 30		Auf den
		Am
		Unter dem
		Neben dem

Besonderheit: ______________________

B *Du schreibst eine kurze E-Mail an deine Pariser Bekannten, Juliette und Paul.*
Du teilst mit, dass du mit ein paar Freunden den 14. Juli in Paris verbringen wirst.
Du fragst, ob sie mit euch das Feuerwerk anschauen möchten.

Ecris le mail ici.

De:
A: pauljuliette@wanadoo.fr
Objet:

____

____

____

____

____

____

____

140 **C** *Die Antwort deiner Bekannten ist auf dem Anrufbeantworter.*
Höre sie dir an. Wo trefft ihr euch? Und wann?

Ecoute le document. Coche la bonne réponse.

Vous avez rendez-vous

1. à 6 heures. ☐ à 16 heures. ☐ à 20 heures. ☐

2. sous la tour Eiffel. ☐ sur les Champs-Elysées. ☐ chez Juliette et Paul. ☐

D *Deine Eltern bitten dich, in einer SMS den Bekannten kurz Zeit und Ort des Treffens zu bestätigen.*

Ecris ton SMS ici.

____

____

____

____

PORTFOLIO

E *Am 15. Juli schreibst du einer französischen Freundin / einem französischen Freund aus Paris eine Karte.*
Schreibe auf Französisch, was ihr am 14. Juli in Paris gemacht habt. (Parade angeschaut, kleine Runde durch Montmartre gedreht, Feuerwerk mit Bekannten angeschaut, in einem Laden Jeans gefunden, …)
Gestalte die Karte schön (Bild auf der Vorderseite; Briefmarke, Adresse, Text auf der Rückseite).
Du kannst diese Karte deinem Portfolio hinzufügen.

Überprüfe, was du kannst!

● → klappt noch nicht
geht so ← ●
● → prima

Im Cahier darfst du die Ampel ankreuzen. Vergleiche deine Lösungen mit den Lösungen auf Seite 102.

Bilan

1 Parler et écrire (nach SB S.104, Nr. 1)

→ En plus, Nr. 1 △, 4 △

A Ich kann über Vergangenes berichten und dabei das **Passé composé** verwenden.
Wie würde Emma hier erzählen?

Hier soir, on a fêté *(fêter)* l'anniversaire de Lilou. D'abord, on ______ *(donner)*

Üben interaktiv wz87id

nos cadeaux à Lilou. Puis elle ______ *(souffler)* les bougies.

Après, nous ______ *(écouter)* des CD et nous ______ *(danser)*.

A la fin, les garçons ______ *(faire)* un jeu, les filles ______

(ne pas jouer) avec les garçons, elles ______ *(discuter)* de leurs vêtements «cool».

Je ______ *(ne pas aimer)* ça. Alors moi, j'______ *(jouer)*

avec le petit chien de Lilou.

B Ich kann sagen, was ich gern anziehe. Gabriel trifft einen Straßenkünstler.
Was zieht der Künstler gern an?

→ En plus, Nr. 2 △

Üben interaktiv 3qc3ua

J'aime mettre …

1. un chapeau bleu,
2. ______
3. ______
4. ______ et
5. ______

2 En forme (nach SB S.104, Nr. 3)

Ich kann Sätze mit der richtigen Wortstellung bilden.

Üben interaktiv ef32gn

1. des questions | pose | Abdel | à Clara | A la récréation,

A la récréation, Abdel pose des questions à Clara.

2. raconte | Clara | Dans la cour, | à son copain | l'histoire

Dans la cour, Clara raconte l'histoire à son copain.

3. à Marie: (2) | Hier, | Noah | «Tu danses avec moi?» | a demandé (1)

Hier, Noah 1 2 «Tu danses avec moi?»

4. une petite danse (3) | au frère (4) | a montré (2) | Marie (1) | de Noah (5)

______

Lösungen findest du auf S. 102.

En plus: différenciation

En forme

1 Le présent, le futur composé, le passé composé

△ *Alex pose des questions à Lilou. Ecris les réponses de Lilou avec les mêmes verbes. Attention au temps. (Verwende die gleichen Verben und achte auf die Zeit.)*

1. – Tu vas regarder le feu d'artifice le 14 juillet? – Oui, je ______________ le feu d'artifice.
2. – Ta mère et toi, vous allez aussi visiter Euro-Disney? – Non, nous n'______________ Euro-Disney.
3. – Qu'est-ce que Marie et Clara ont fait hier? – Elles ______________ du sport.
4. – Elles ont aussi joué avec Moustique? – Non, elles ______________ avec Moustique.
   Il ______________ avec moi.
5. – Tu aimes le sport? – Non, je ______________ le sport.
6. – Mais tu aimes Moustique? – Oui, j'______________ beaucoup Moustique.

En forme

2 Les adjectifs

△ *Complète le texte. Attention à la forme et à la place des adjectifs.*

1. Marie est contente de son collège. 2. C'est un très grand	content grand
collège ______ avec des ______ activités intéressantes.	intéressant
3. Les camarades de classe de Marie sont sympas. 4. Elle trouve son prof	sympa
d'allemand super. 5. Il porte toujours des ______ vêtements	super bizarre
bizarres: une ______ chemise noire, un ______	noir rouge
pantalon rouge et des ______ chaussures jaunes, ce sont	jaune
les couleurs de l'Allemagne. 6. Il a des bonnes idées ______,	bon
il donne des ______ cours intéressants et il aime chanter des	intéressant
______ chansons allemandes avec ses élèves.	allemand

Vis-à-vis

3 La Fête nationale

△ *Qu'est-ce que tu sais sur la Fête nationale? Coche les phrases justes. (Kreuze die richtigen Sätze an.) Corrige les phrases fausses dans ton cahier. (Korrigiere die falschen Sätze in deinem Heft.)*

1. La Fête nationale est le premier dimanche de janvier. ☐
2. C'est l'anniversaire de la Révolution française. ☐
3. Tout le monde travaille. ☐
4. Le soir, il y a des grands feux d'artifice. ☐
5. Les gens cherchent des cadeaux dans les rues. ☐
6. Il y a un défilé militaire à Paris. ☐

Ecrire

4 Le passé composé et les adjectifs

M. Pirou téléphone à Léo. Il dit:

– M. Schmidt, un ami invite notre famille. Nous allons passer un week-end à Berlin. Samedi, nous allons faire un tour en voiture pour visiter la ville. Le soir, les Schmidt vont préparer un repas pour nous. Je vais montrer des photos de Paris. Dimanche, nous allons faire une promenade sur le boulevard «Unter den Linden». On va passer deux jours à Berlin.

Après les 2 jours à Berlin, Léo écrit dans son journal:

M. Schmidt, un ami allemand de mon père, a invité …

bon – intéressant – sympa – fantastique – grand – allemand – petit

Continue dans ton cahier.
Verwende das Passé composé und versuche alle Adjektive, die rechts aufgeführt sind, in deinem Text zu verwenden. Hierfür gibt es mehrere Möglichkeiten.

Ecouter et regarder

5 Une fête

Das Hördokument enthält viele Wörter, die du noch nicht kennst.
Aber du wirst feststellen, dass du trotzdem schon viel verstehst.
Du kannst auf der DVD das Dokument auch als Video anschauen.

141 Ecoute le document. Coche les bonnes réponses.

1. Le document parle
   de la Fête nationale. ☐ de la Fête de la musique. ☐ de la Fête des rois. ☐
2. Le journaliste parle
   de Toulouse. ☐ de Paris. ☐ de Strasbourg. ☐
3. La jeune fille s'appelle
   Amélie. ☐ Charlotte. ☐ Chantal. ☐
4. Le groupe préféré
   de la fille, c'est Kyo. ☐ Zebda. ☐ Noir Désir. ☐

THEATRE

6 Nous faisons du théâtre.

Schreibt Szenen für kleine Theaterstücke, die ihr im Laufe des Jahres vor Publikum aufführt. Ihr könnt den Inhalt frei erfinden.
Vielleicht gefällt euch aber auch die folgende Idee:

Mehr dazu dh682u

In einer Woche ist Nationalfeiertag! Marie und Lisa wollen zum Ball gehen, die Jungen möchten lieber skaten. Da hat Alex eine tolle Idee: Sie planen für den 14. Juli für die Kinder des Viertels ein eigenes Fest im Interclub. Lisa hat keine Zeit, bei der Vorbereitung zu helfen, stattdessen will sie Plakate malen. Doch keiner sagt ihr Bescheid, als beschlossen wird, dass das Fest schon am 13. und nicht am 14. stattfinden soll. Auf allen Plakaten steht das falsche Datum. Die Freunde sind am 13. im Interclub und warten vergeblich auf Lisa und weitere Gäste. Erst ein paar Jungen und Mädchen, die zufällig vorbeikommen, machen sie auf den Datumsfehler aufmerksam. Gemeinsam schaffen sie es, dass das Fest doch noch stattfindet.

Unité 7

Le Paris des touristes

Découvertes

Vis-à-vis

Üben interaktiv aq899e

1 Paris, toujours Paris! (nach SB S.107)

In Paris gibt es viele Sehenswürdigkeiten. Zum Beispiel:

Le **Sacré-Cœur**, une grande église[1]

La **place de la Concorde**, une grande place à Paris

Les **Invalides**[2], avec le tombeau[3] de Napoléon[4]

Le **centre Georges-Pompidou**[5], un grand centre culturel

Poème

Paris bonjour,
Paris minuit,
Paris le jour,
Paris la nuit,
Paris amour,
Paris, et puis …
Paris toujours,
Toujours Paris!
(Marlène Cloßen)

Mais comment prononcer ces noms? (Aber wie spricht man diese Namen aus?)
Nichts leichter als das, wenn du weißt, wie ähnliche Wörter ausgesprochen werden!

Wie spricht man es aus?	Wenn ich es ausspreche, orientiere ich mich an …
Le Sacré-Cœur	
Sacr**é**	café
C**œur**	
Les **In**valides	
Le centre Georges-Pompidou	
Geor**ge**s	
P**om**pidou	
La place de la C**on**corde	

joli
c**on**tent
caf**é**
domma**ge**
t**om**ber
s**œur**
inviter

Maintenant, lis les noms à haute voix. (Lies nun die Namen laut.)

1 **une église** eine Kirche 2 **les Invalides** früher ein Heim für kriegsversehrte Soldaten 3 **un tombeau** ein Grabmal 4 **Napoléon** frz. Kaiser (1769–1821) 5 **Georges Pompidou** frz. Staatspräsident (1911–1974)

Atelier A

1 Chanson en images (nach SB S.107, Nr.1)

144 **A** *Lis bien la chanson et trouve les phrases qui correspondent aux dessins.*

refrain

Dans Paris à vélo on dépasse les autos
A vélo dans Paris on dépasse les taxis

Place des fêtes on roule au pas
Place Clichy on n'roule pas
La Bastille est assiégée
Et la République est en danger

[Refrain 2x]

L'agent voudrait se mettre au vert
L'Opéra rêve de grand air
A Cambronne on a des mots
Et à Austerlitz c'est Waterloo

[Refrain 4x]

La complainte de l'heure de pointe.
M: Chris Juwens, T: Carl-Verich Blecker, Leon Dean © Toledo Musik Produktions GmbH Berlin.

1.

2.

______ ______ ______

3.

______ ______ ______

2 Vocabulaire (nach SB S.107, Nr.2)

A *Complète les phrases.*

1. En français, je suis, une fête, en allemand ______ en anglais ______ .
2. En français je suis la République, en anglais ______ en allemand ______ .
3. En français je suis un danger, en anglais ______ mais en allemand ______ .

B Ecoute encore une fois la chanson et trouve mon sens, en allemand.

1. «L'agent voudrait se mettre au vert»:	= eine grüne Uniform anziehen	oui	☐	non	☐
	= ins Grüne ziehen	oui	☐	non	☐
2. «L'Opéra rêve de grand air»:	= träumt von frischer Luft	oui	☐	non	☐
	= träumt von Opernliedern	oui	☐	non	☐

Atelier B

Ecrire

1 M. Pirou fait des interviews. (nach SB S. 108, Nr. 1)

Üben interaktiv 5df2m6

Welche Fragen hatte sich M. Pirou notiert, auf die er die folgenden Antworten bekommt?

1. Non, nous on n'est pas français.
2. Nous, on est de Magdeburg , en Allemagne.
3. Oh oui, nous aimons Paris.
4. Nous restons trois jours.

Note les questions de M. Pirou ici:

1. Vous êtes français?
2. ______________________
3. ______________________
4. ______________________

____

Welche Fragen könnte M. Pirou noch stellen? Note ici encore trois questions et trois réponses:

Question 1: ______________________

Réponse: ______________________

Question 2: ______________________

Réponse: ______________________

Question 3: ______________________

Réponse: ______________________

Jeu de mots

2 Sur la tour Eiffel (nach SB S. 108)

Regarde la page 108 de ton livre.
Trouve les mots et expressions pour … (Finde die Wörter und Ausdrücke für …)

1. viele Touristen: beaucoup de touristes
2. eine Aussicht über Paris: une vue sur Paris
3. Postkarten: cartes des poste
4. ein Andenkenladen: une boutique de souvenirs
5. es ist windig: Il y a du vent
6. es schneit: Il neige

Ecouter et écrire

3 Quel temps fait-il? (nach SB S. 108, Nr. 2)

152

Üben interaktiv 72c5m8

A *M. Pirou möchte die Interviews unter dem Eiffelturm bei schönem Wetter machen. Am Sonntag hört er den Wetterbericht im Radio.*

Ecoute et coche les bonnes cases.

dimanche	[X]	[ ]	[ ]
lundi	[ ]	[X]	[ ]
mardi	[ ]	[ ]	[X]
mercredi	[X]	[ ]	[ ]

Quel jour est-ce que M. Pirou va faire ses interviews? Lundi, mardi ou mercredi?
(An welchem Tag wird Herr Pirou seine Interviews machen? Montag, Dienstag oder Mittwoch?)

M. Pirou va faire ses interviews ______________________

B *Erfinde nun selbst das Wetter für diese Tage:* *Attention! Il **fait** chaud!*

Jeudi, il fait chaud avec un grand soleil. Il n'y a pas un nuage

Vendredi, il fait vent et pleut. Il y a de l'orage.

Samedi, ______________________.

En forme

4 Lire ou écrire? (G 26, 27) (nach oder statt SB S. 109, Nr. 3)

Üben interaktiv e8pz2a

*M. Pirou fait une interview avec deux garçons. Complète le texte avec des formes de «**lire**» ou «**écrire**».*

1. *M. Pirou:* Les touristes, à Paris, ils écrivent beaucoup de cartes postales.
2. Et vous? Vous ____________ encore des cartes postales à vos amis?
3. *Jérôme:* Non, mais nous ____________ des SMS ou des courriels.
4. *Valentin:* Mais j'ai une copine. Elle ____________ même des poèmes sur ses cartes postales.
5. J'aime ____________ ses poèmes.
6. *M. Pirou:* Moi, j'____________ aussi pour un journal. Vous ____________ des journaux?
7. *Jérôme:* Mes parents ____________ le journal, mais moi non. Je ____________ des BD.

Tiens! Un SMS de Louis …

Joue au détective. Kannst du Louis' Nachricht entziffern?

____

____

Atelier C

Jeu de mots

1 Les moyens de transport (nach oder statt SB S. 111, Nr. 3)

Üben interaktiv ee8a6e

Où vont les gens et quel moyen de transport prennent-ils?
(Wo fahren die Leute hin und mit welchen Verkehrsmitteln?)

1. M. Pirou
▶ à Paris

2. Mme Pirou
▶ à Vienne

3. Mme Chabane
▶ à la Défense

4. M. Racine
▶ à l'Arc de triomphe

1. M. Pirou va à Paris en train.
2. Mme. Pirou va à Vienne en Avion
3. Mme. Chabane va à la Défense en Metro.
4. M. Racine va à l'Arc de triomphe en Bus

5. Mme Mangin
▶ à Notre-Dame

6. M. Mangin
▶ à la gare de l'Est

7. Mme Latière
▶ au Louvre

8. M. Chabane
▶ à la station de métro

5. Mme Latière
6.
7.
8.

! Et Malou, il va à Paris comment?

Atelier D

Les mots : les lettres

1 A vendre! (Zu verkaufen!) (nach SB S. 112, Nr. 1)

In Paris siehst du einen kleinen Aushang. Einige Wörter sind unleserlich geworden. Findest du heraus, um welche Wörter es sich handelt?
Ecris ces mots sur l'affiche.

A vendre

J'ai quelque chose ________ pour vous!

C'est ________! C'est moderne et pr________. Tout le monde ad________ ça. Pl________ de problèmes pour aller d'un en________ du centre vi________ à un autre.

Plus de problèmes pour vi________ Paris! Et ce n'est pas c________!

50 euros! C'est mon v________! Téléphoner au 06 10 85 12

En forme

2 Lilou et Alex (G 28) (vor oder statt SB S. 113, Nr. 2)

Üben interaktiv 3ys4s2

Alex et Lilou discutent. Complète le dialogue.

- n'ai pas de
- combien de
- n'ai plus d'
- beaucoup de
- peu de
- beaucoup de

1. *Lilou:* Tu as beaucoup de ________ robes, Alexandra?
2. *Alex:* Non, je n'ai pas ________ robes.
   Mais j'ai ________ pantalons.
   Et puis, je m'appelle Alex! Et toi, tu as des pantalons?
3. *Lilou:* Moi, j'ai ________ pantalons.
   Tu as ________ chapeaux?
4. *Alex:* Quoi? Des chapeaux? Mais je ________ chapeaux!
5. *Lilou:* Et moi, je ________ anorak.
   J'ai donné mon anorak à une copine.
   Je déteste les anoraks. Et toi, Alexandra?
   Alex: Je m'appelle Alexxxxx!

Parler

3 Ce n'est pas cher! (nach oder statt SB S. 113, Nr. 2)

Üben interaktiv gp74ts

Du bist in Paris. In einem Laden siehst du ein T-Shirt mit dem aufgedruckten Eiffelturm.
Du möchtest es gern als Andenken kaufen, nimmst es und gehst damit zur Verkäuferin / zum Verkäufer.
Einigt euch, wer welche Rolle übernimmt.
Knicke das Blatt an der gestrichelten Linie. Mit den eckigen Klammern könnt ihr euch kontrollieren.
Wechselt danach die Rollen. Jouez la scène.

Toi	La vendeuse / Le vendeur
1. Du begrüßt die Verkäuferin / den Verkäufer.	**1.** [Bonjour, madame / monsieur.]
2. [Bonjour. mademoiselle / monsieur]	**2.** Die Verkäuferin / Der Verkäufer begrüßt dich.
3. Du fragst, wie viel das T-Shirt kostet.	**3.** [Le t-shirt coûte combien?]
4. [Il n'est pas cher. Il coûte / fait 15 euros.]	**4.** Sie / Er sagt, es sei nicht teuer. Es kostet 15 Euro.
5. Du bist einverstanden. Du nimmst das T-Shirt. Du fragst, ob sie / er auch T-Shirts mit dem Arc de triomphe hat.	**5.** [D'accord. Je prends le t-shirt. Vous avez aussi des t-shirts avec l'Arc de triomphe?]
6. [Désolé(e). Je n'ai pas de t-shirts avec l'Arc de triomphe.]	**6.** Es tut ihr / ihm leid. Sie / Er hat keine T-Shirts mit dem Arc de triomphe.
7. Das findest du schade. Du bezahlst die 15 Euro für das T-Shirt und verabschiedest dich.	**7.** [C'est dommage. Voilà 15 euros. Au revoir, madame / monsieur.]
8. [Merci beaucoup. Au revoir et bonne journée!]	**8.** Sie / Er bedankt und verabschiedet sich. Sie / Er wünscht dir einen schönen Tag.

Ecouter

4 A la gare (vor SB S. 111, Nr. 3)

153

A *Avant l'écoute:*
Regarde l'image. Qui est-ce? Où sont les personnes? Qu'est-ce qui peut se passer? (Was kann passieren?)

B *Maintenant lis les phrases, écoute la scène*, puis coche la bonne réponse.*

1. Mme Chabane et Marie arrivent à la gare à ☐ 16 h 10. ☐ 16 h 20. ☐ 16 h 30.
2. Le TGV de Stuttgart arrive normalement à ☐ 16 h 27. ☐ 16 h 34. ☐ 16 h 47.
3. Le TGV est en retard. Il va arriver à ☐ 17 h 04. ☐ 17 h 14. ☐ 17 h 44.

*Une expression pour t'aider: le TGV en provenance de … = der TGV aus …

Atelier E

Médiation

1 Fais l'interprète. (nach SB S. 114, Nr. 1)

Üben interaktiv pf778z

Du bist mit deinen Eltern und deinem kleinen Bruder Daniel im Parc Astérix. Er ist 6 und sehr frech. Da kommt ein Mann im Astérix-Kostüm. Er möchte mit deinem Bruder sprechen. Hilf ihnen. Arbeitet zu dritt. Nur der Dolmetscher arbeitet ohne Heft. Wechselt nach einem Durchgang die Rollen.

Le grand huit

Le petit train

Astérix

1. Je fais des interviews avec nos petits visiteurs. Tu es d'accord?
3. Non, bien sûr. Tu as quel âge?
5. Euh, j'ai 53 ans. Voilà ma question: tu trouves le parc intéressant pour les petits enfants?
7. Merci pour ta réponse. Tu as raison. Tu ne fais pas encore 1 mètre 40. Pour toi, il y a le petit train.
9. Merci. Au revoir. Tu es vraiment sympa!

STRATEGIE

Beim Dolmetschen musst du nicht immer wörtlich übersetzen.

Daniel

2. Ja. Aber ich bin nicht klein.
4. Ich bin 6. Frag ihn, wie alt er ist.
6. Nein. Sag ihm auch warum. Ich bin traurig, weil ich zu klein für die Achterbahn bin.
8. Sag ihm, dass ich den kleinen Zug total blöd finde. Und tschüs!
10. Ha, ha!

En forme

2 Mehdi est bizarre! (G 29)

(nach oder statt SB S. 115, Nr. 3)

Üben interaktiv yt3aq7

Complète le dialogue entre Mehdi et son père. Attention à l'apostrophe.

ne … pas	nicht
ne … plus	nicht mehr
ne … rien	nichts

1. – Tu prends quelque chose? – Non, je ne prends rien.
2. – Tu es triste? – Non, ______
3. – Mais qu'est-ce que tu as? – Je ______
4. – Tu vas au judo aujourd'hui? – Non, ______
5. – Tu vas encore au judo avec Alex? – Non, ______
6. – Mais tu aimes encore le judo, non? – Non, ______
7. – Pourquoi? Raconte quelque chose. – Non, ______

Pourquoi est-ce que Mehdi ne va plus au judo? Tu as une idée?

______

Bilan

1 Parler et écrire (vor oder nach SB S.116)

Ich kann schon …

Üben interaktiv h5qg8n

1. … fragen, wie das Wetter ist. ______
2. … sagen, dass es kalt ist. ______
3. … sagen, dass es warm ist. ______
4. … sagen, dass das Wetter schlecht ist. ______
5. … sagen, dass das Wetter schön ist. ______
6. … sagen, dass es regnet. ______
7. … sagen, dass es schneit. ______
8. … sagen, dass es windig ist. ______
9. … ausdrücken, dass dir etwas leidtut. ______
10. … ausdrücken, dass du müde bist. ______

Denke an die Angleichung, wenn du ein Mädchen bist!

11. … sagen, dass du viele SMS, ______
    aber wenig Postkarten schreibst. ______
12. … sagen, dass du mit dem Bus zur Schule fährst. ______

En plus

THEATRE

1 Nous faisons du théâtre.

Schreibt Szenen für kleine Theaterstücke,
die ihr im Laufe des Jahres vor einem Publikum aufführt.
Ihr könnt den Inhalt frei erfinden.
Vielleicht gefällt euch aber auch die folgende Idee:

Mehr dazu fp9tb3

Sommerferien: Die Freunde sind bei Lisa, die am nächsten Tag für sechs Wochen nach Deutschland fahren will. Für ihre Freunde dort braucht sie noch Fotos von Paris und schlägt vor, zum Fotografieren einen Stadtrundgang zu machen und den Louvre zu besuchen. Doch es regnet, Mehdi und Marie haben keine Lust raus zu gehen, und Jérôme möchte lieber zum Flohmarkt. Da hat Marie die Idee für ein Spiel, bei dem Lisa ganz besondere Paris-Fotos machen kann: Sie stellen abwechselnd Pariser Sehenswürdigkeiten nach, und die anderen müssen erraten, was es ist. Am nächsten Tag versammeln sich alle Theaterakteure am Bahnhof, um Lisa zu verabschieden. Für Lisa ist klar, sie kommt wieder zurück nach Frankreich!

Lösungen findest du auf S. 103.

En plus: différenciation

Lire

2 Où est la Joconde?

«La Joconde» est un tableau.

A *Avant la lecture:*

1. En allemand, il y a un autre nom pour «La Joconde». Elle s'appelle comment?
2. «La Joconde» est dans un très grand musée. Est-ce que tu sais où?
3. Dans l'histoire, un inspecteur va jouer un rôle important. Pourquoi? Tu as une idée?

B *Lis l'histoire.*

Aujourd'hui, l'inspecteur Farfouille ne travaille pas. Alors il va au Louvre. Mais là, il ne regarde pas les tableaux, il regarde les touristes. Il aime imaginer leur histoire: «Où est-ce qu'ils habitent? Qu'est-ce qu'ils font? Pourquoi est-ce qu'ils sont au musée?» L'inspecteur Farfouille aime aller dans la salle de la Joconde parce que là, il y a toujours beaucoup de touristes.

Mais aujourd'hui, CATASTROPHE: la Joconde n'est plus là. Alors, où est la Joconde?

Un voleur peut-être? Ou est-ce que la Joconde est dans un autre musée? L'inspecteur ne sait pas.

OÙ EST LA JOCONDE?

Il regarde dans la cour du Louvre … et là, il y a un type avec un paquet. Et le paquet est grand comme le tableau de la Joconde! Vite, l'inspecteur quitte le Louvre et va dans la cour.

Voilà le voleur avec le paquet! Il va à la station de métro Palais-Royal et il entre dans le métro. L'inspecteur prend aussi le métro. Il reste toujours derrière le voleur même quand le voleur quitte le métro à la station Saint-Paul.

Le type entre dans une maison, 52 rue des Rosiers. «Intéressant … Mais qu'est-ce que je fais, maintenant? Je suis inspecteur, d'accord, mais aujourd'hui, je ne travaille pas. Bon, je vais au Louvre et je vais parler au directeur …»

Inspecteur: Bonjour M. le Directeur. Je sais où est la Joconde.

Directeur: Et alors?

Inspecteur: Elle est au 52 rue des Rosiers, métro Saint-Paul.

Directeur: Comment ça?

Inspecteur: C'est l'adresse du voleur!

Directeur: Un voleur? Mais la Joconde est ici, au Louvre, monsieur!

Inspecteur: Mais non, elle n'est pas dans la salle!

Directeur: Mais monsieur, nous allons regarder ensemble. Je sais où est le problème: le tableau est dans une autre salle.

(D'après: Marie Gauvillé / Laurent Jouvet: Les copains du quartier Bastille, © Ernst Klett Verlag)

C *Après la lecture:*

△ **1.** Joue au détective. Le mot allemand pour «voleur», c'est ________________.

△ **2.** Coche la bonne réponse.

La Joconde est ☐ 52 rue des Rosiers. ☐ au métro Saint-Paul. ☐ au Louvre.

▲ **3.** Est-ce que l'inspecteur a trouvé le voleur? Pourquoi? / Pourquoi pas?

____

____

PORTFOLIO

Das kann ich schon! (nach Unités 5 – 7)

Selbsteinschätzung: Kreuze an, wie deine Ampel steht (linke Ampel).
Wenn du unsicher bist, wiederhole die Übungen, die in der rechten Spalte angegeben sind.

Partnereinschätzung: Ihr könnt euch auch gegenseitig einschätzen (rechte Ampel).

Üben interaktiv rr43a3

Selbsteinschätzung am: ____________ *Datum*   Partnereinschätzung am: ____________ *Datum*

Parler
Ecouter
Ecrire
Lire
Médiation

Sich auf Französisch verständigen	Selbst	Übungen	Partner
Ich kann von meinen Hobbys erzählen und sagen, wann und wo ich sie ausübe. Ich kann jemanden danach fragen.		SB S. 84, Nr. 7 CdA S. 70, Nr. 2B	
Ich kann beschreiben, wo etwas in einer Wohnung steht.		SB S. 89, Nr. 5 CdA S. 64, Nr. 4	
Ich kann jemanden nach dem Weg fragen, eine Wegbeschreibung verstehen und jemandem eine kurze Wegbeschreibung geben.		SB S. 82, Nr. 2 CdA S. 66, Nr. 8	
Ich kann etwas zu essen und zu trinken bestellen und den Preis erfragen.		SB S. 86, Nr. 5 CdA S. 68, Nr. 13	
Ich kann ein einfaches Einkaufsgespräch führen.		SB S. 113, Nr. 2 CdA S. 90, Nr. 3	
Ich kann die Kleidung von Personen in einfacher Weise beschreiben.		SB S. 100, Nr. 8 CdA S. 78, Nr. 11	
Ich kann eine einfache französische E-Mail / SMS / Postkarte verstehen und schreiben.		SB S. 90, Nr. 7 CdA S. 70, Nr. 2A	
Ich kann eine einfache Wettervorhersage verstehen und selbst sagen, wie das Wetter ist.		SB S. 108, Nr. 2 CdA S. 87, Nr. 3	
Médiation: Ich kann die wichtigsten Informationen eines Veranstaltungsprogramms in der jeweils anderen Sprache zusammenfassen.		SB S. 88, Nr. 3 CdA S.79, Nr. 12A	

Vis-à-vis

Hier und dort			
Ich kenne einige französische Feste und kann sie mit mir vertrauten Festen vergleichen.		SB S. 102, Nr. 1	
Ich kann einige Sehenswürdigkeiten in Paris nennen, sie kurz beschreiben und über öffentliche Verkehrsmittel in Paris informieren.		SB S. 106 SB S. 110, Nr. 2 CdA S. 84, Nr. 1 CdA S. 88, Nr. 1	

Stratégie

Gewusst, wie …			
Ich kann in einem Text erkennen, welche Wörter wichtig sind („Schlüsselwörter"), und mit ihrer Hilfe die wichtigsten Informationen des Textes verstehen.		SB S. 95, Nr. 6 CdA S. 74, Nr. 3	
Ich kann neue Wörter weitgehend richtig aussprechen, wenn ich sie mit ähnlichen, mir schon bekannten Wörtern vergleiche.		SB S. 107, Nr. 2 CdA S. 84, Nr. 1	

Wo hast du die grüne Ampel angekreuzt? Übertrage diese Einträge auf das Poster am Ende des „Cahier".

Révisions (nach Unités 5–7)

STRATEGIE

Trouve les fautes. (Finde die Fehler!)
Wer etwas aufschreibt, möchte etwas sagen und achtet dabei natürlich vor allem auf den Inhalt. Dabei schleichen sich leicht Fehler ein. Die müssen aber nicht stehen bleiben!
Bevor du etwas Geschriebenes verschickst oder abgibst, lies es noch einmal sorgfältig durch. Wenn du auf die folgenden Punkte achtest, kannst du viele typische Fehler vermeiden.

1. Stimmen die **Verb-Endungen** mit der Person überein?	***tu** aime**s**, **vous** regard**ez**, **elles** lis**ent***
2. Und hast du auch sonst an die **Angleichung** gedacht?	*le**s** crêpe**s**, de**s** basket**s** bleu**es***
3. Passen die **Possessivbegleiter**?	*Elle regarde **son** frère. Ils cherchent **leurs** amis.*
4. Erscheinen die **Verneinungswörter** am richtigen Ort?	*Il **ne** fait **pas** beau. Elle **n'**a **pas** travaillé.*
5. Richtig gesetzt: **Apostroph, Akzent** und **Cédille**?	*la m**è**re, int**é**ressant, **l'**affiche de la f**ê**te, c'est **ç**a.*

Schau dir die folgenden Sätze genau an.
In jedem Satz steckt ein Fehler.
Kreise ihn ein und schreibe die richtige Form daneben.

1. a) Marie, où est-ce que tu va ?
b) Vous habiter à Paris, M. Pirou?
c) Delphine et Lilou joue avec Moustique.

2. a) Les fille de ma classe vont au cinéma.
b) N'oubliez pas vos affaire dans le gymnase.
c) Au marché aux puces, tu trouves des joli choses.

3. a) Le père d'Alex prend son voiture.
b) Le garçon au stand, c'est ta frère, Clara?
c) Léo et son père ne trouvent pas leur tickets de métro.

4. a) Aujourd'hui, je travaille pas.
b) Marie et Clara vont ne pas danser avec un petit garçon.
c) Jérôme n'a fait pas ses devoirs.

5. a) Il faut deja aller au lit? Oh non, il ne est pas encore minuit.
b) Ou est mon pere? Il n'est plus la.
c) Ca va? Le cinema est tres cher, non?

Bei Nr. 5 stecken in jedem Satz sogar drei Fehler! Ergänze die fehlenden Zeichen.

Lösungen und Tipps findest du auf den Seiten 103 und 104.

On prépare le DELF (nach Unités 5 – 7)

Mit dem DELF-Zeugnis hast du einen Trumpf in der Hand!
Mit den folgenden Übungen kannst du trainieren.

Mini-DELF-Prüfung

1 Compréhension de l'oral

157 **A** *Lisez d'abord les questions, écoutez le document, puis répondez aux questions.*

1. Qu'est-ce que Romain a cherché?	☐ 	☐ 	☐ 
2. Qui est avec Romain?	☐ Aline	☐ Léo	☐ Mélanie
3. Léo va arriver à	☐ 18 heures.	☐ 19 heures.	☐ 20 heures.

Aufgabe 1 A	
mögl. Punkte	deine Punkte
1	
1	
2	

158 **B** *Lisez d'abord les questions, écoutez les deux scènes, puis répondez aux questions.*

Scène n° 1 – C'est …	☐ dans un club de judo.	☐ dans un club de danse.	☐ dans un club de foot.
Scène n° 2 – C'est …	☐ au collège.	☐ chez des copains.	☐ au restaurant.

Aufgabe 1 B	
2	
2	
8 *Summe*	

2 Compréhension des écrits

Vous cherchez un livre pour un(e) ami(e). Voici des idées:

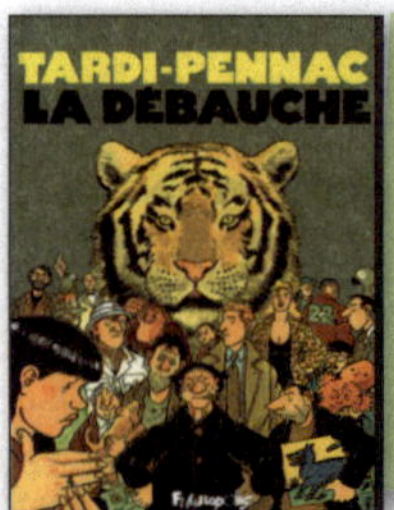

Livre 1: Bande dessinée super. Paris: Jardin des Plantes. Dans le zoo, il y a une personne bizarre. Qui est-ce? Qu'est-ce qu'elle fait? Et pourquoi? Mystère …

Livre 2: Simple a 22 ans, mais il est comme un garçon de 3 ans. Son frère, c'est Kléber. Il a 17 ans. Ils habitent ensemble. C'est compliqué, mais Kléber aime son frère.

Livre 3: Quentin et ses copains aiment le sport, mais ils détestent leur prof de sport. Alors un jour, ils …

Livre 4: Malik habite dans un village au Sénégal avec sa mère. Son père habite à Paris pour travailler. Un jour, la famille va à Paris pour retrouver le père …

Ecrivez le numéro du livre.

	Numéro du livre:
1. Votre ami(e) aime l'Afrique.	____
2. Votre ami(e) aime les BD.	____
3. Votre ami(e) aime les histoires de frères et sœurs.	____
4. Votre ami(e) aime le sport.	____

Aufgabe 2	
mögl. Punkte	deine Punkte
2	
2	
2	
2	
8 *Summe*	

Moi, ma famille, mes animaux

Auf dieser Seite kannst du Wörter, Sätze oder Ausdrücke aufschreiben, die für dich ganz persönlich wichtig sind, wenn du über dich und deine Familie sprechen möchtest. Füge, wenn du möchtest, Fotos oder Zeichnungen hinzu. Die Seiten dieses „Dico personnel" kannst du später heraustrennen und z. B. in deine Portfolio-Sammlung heften.

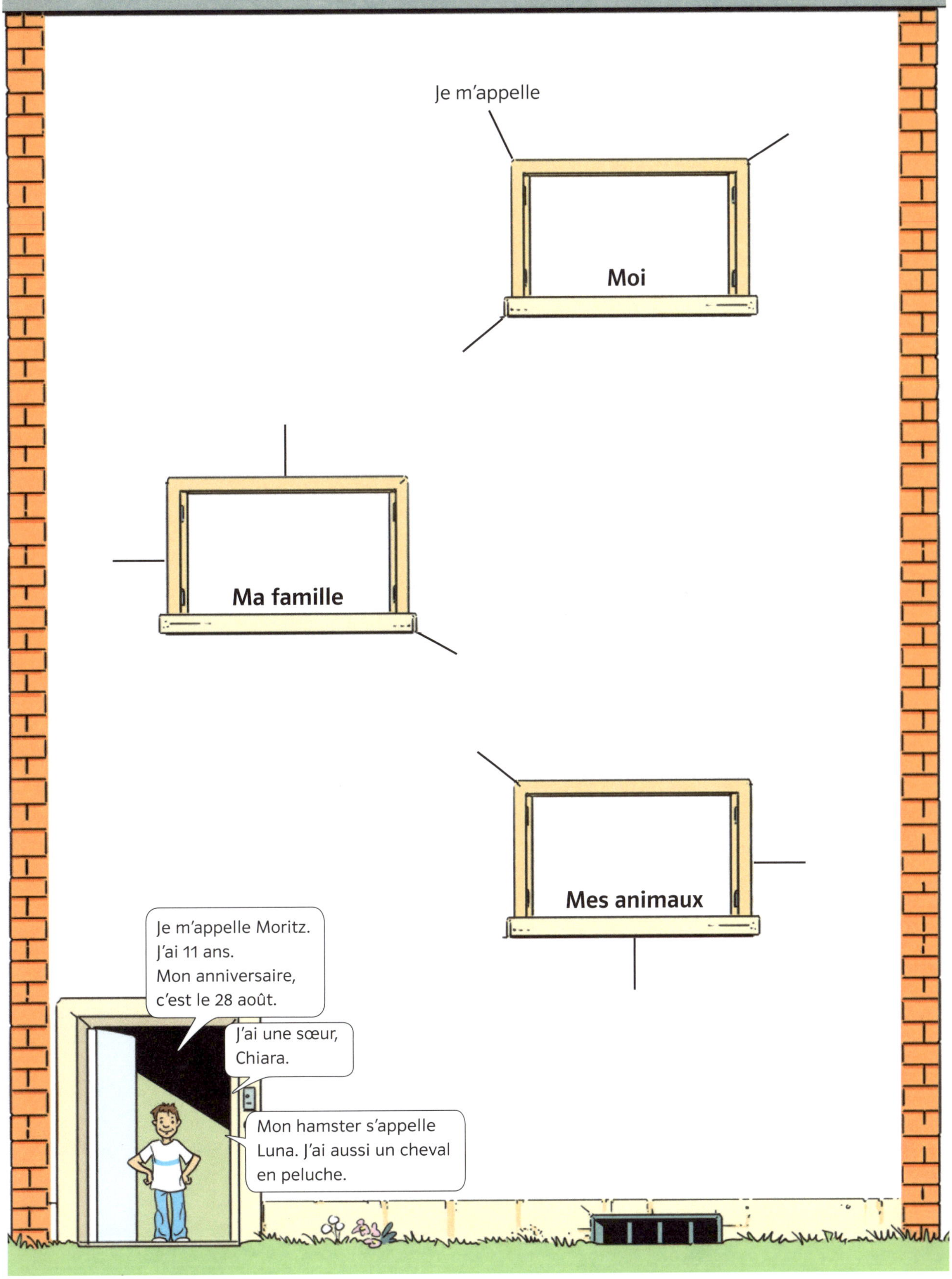

Mes copains et mes copines

Auf dieser Seite kannst du aufschreiben, was für dich ganz persönlich wichtig ist, wenn du über deine Freunde oder Freundinnen sprechen möchtest. Klebe Fotos oder Zeichnungen ein.

1. Mon meilleur ami / Ma meilleure amie *(Mein bester Freund / Meine beste Freundin)*:

Nom: ______________________

Age: ______________

Il / Elle aime ______________________

____

____

Il / Elle déteste ______________________

____

J'aime bien mon copain / ma copine parce que / qu' ______________________

____

____

____

2. *Trage hier weitere Wörter oder Ausdrücke ein, die dir wichtig sind, wenn du über deine Freundinnen / Freunde sprichst.*

il / elle habite ... 

son numéro de téléphone, c'est le ...  **son anniversaire, c'est le ...** 

____

____

____

____

____

____

____

____

____

____

son adresse e-mail, c'est ... @ **c'est un / une camarade de classe** **il / elle a les cheveux blonds** 

A l'école

Auf dieser Seite kannst du einiges aufschreiben, das sich auf das Thema „Schule" bezieht.

mon école

Voilà mon école.
Elle s'appelle ________________

____

mon école

Mes matières préférées sont ________________

____

____

____

le dessin
la physique
l'allemand
la biologie
la géographie
la musique
le français
l'histoire
l'anglais
le sport
...
les maths

mon cartable

mon cartable à roulettes

mon sac à dos

Dans mon ________________, il y a

des livres, ________________

____

____

Zeichne hier den Inhalt deines Mäppchens.

Dans ma trousse, il y a des crayons, ________________

____

____

____

Welche Wörter / Ausdrücke sind dir noch wichtig, wenn du über die Schule sprechen möchtest?

____

____

____

____

____

____

Mes loisirs

Auf dieser Seite kannst du aufschreiben, was für dich ganz persönlich wichtig ist, wenn du über deine Freizeit sprechen möchtest. Du kannst Zeichnungen oder Fotos hinzufügen.

Le sport: Je fais du foot / de l'athlétisme / de la natation / … Je regarde des matchs de handball / …

La musique / Le dessin: J'écoute des CD / Je fais du piano / Je joue de la flûte / Je fais du dessin / J'aime bricoler / …

Avec mes copains ou copines, je fais un tour dans le quartier / …

Quand je suis seul(e), je lis un livre / …

Im Internet findest du weitere Materialien zu deinem Dico personnel.

3 Production écrite

Un(e) ami(e) français(e) va passer 10 jours chez vous.
Vous écrivez à votre ami(e). Vous parlez de votre famille, et de votre maison ou appartement. (50 mots environ)

		Aufgabe 3 mögl. Punkte	deine Punkte
______	Anrede	1	
______	famille	3	
______	appartement/ maison	3	
______	Grußformel	1	
		8 Summe	

4 Production orale

A *L'examinateur pose des questions et vous répondez. (1 minute environ)*

1. Tu t'appelles comment? Tu as quel âge?
2. Présente les personnes de ta famille.
3. Ton école est loin de chez toi? Comment est-ce que tu vas à l'école?
4. Qu'est-ce que tu fais après l'école?

Deine Partnerin / Dein Partner spielt den Prüfer (l'examinateur) und vergibt die Punkte.

B *Vous êtes en France. Vous cherchez un t-shirt avec la tour Eiffel ou avec le Louvre. Vous allez dans un magasin. Vous parlez avec une vendeuse / un vendeur. (2 minutes environ)*

Deine Partnerin / Dein Partner spielt die Verkäuferin / den Verkäufer und vergibt auch die Punkte.

	mögl. Punkte	deine Punkte
Aufgabe 4 A		
1.	1	
2.	1	
3.	1	
4.	1	
Aufgabe 4 B	4	
Summe	8	
Gesamtsumme	32	

Auswertung:

1. Habe ich bei jedem der vier Aufgabenteile wenigstens 2 Punkte erreicht? ☐ Ja ☐ Nein
2. Habe ich insgesamt 16 oder mehr als 16 Punkte? ☐ Ja ☐ Nein

Zweimal „Ja"? Prima! Du hast bestanden.

Lösungen und Lösungsvorschläge

Mit dem Lösungsteil hast du die Gelegenheit, SOFORT zu erkennen, ob du die richtige Lösung gefunden hast. Du kannst selbst kontrollieren. Damit du eigene Fehler erkennst, vergleiche sorgfältig, schaue sehr genau hin und unterstreiche die Fehler, die du gemacht hast, mit einem roten Stift. Benutze für deine Verbesserungen eine andere Farbe. So kannst du dir später immer noch einmal klar machen, welche Fehler dir unterlaufen sind. Denn auch aus Fehlern lernt man natürlich.

Bienvenue!, S. 2, 3

1. **appartement,** 2. **pardon!,** 3. **dessert,** 4. **souvenir,** 5. **première,** 6. **étage,** 7. **atelier,** 8. **Grand prix,** 9. **malheur,** 10. **courage,** 11. **branche,** 12. **rendez-vous,** 13. **gourmet,** 14. **trottoir,** 15. **visage,** 16. **crêpe,** 17. **merci,** 18. **mon chéri,** 19. **orange,** 20. **baguette,** 21. **chanson,** 22. **croissant**

Unité 1

Unité 1, Bilan 1, S. 16

Bonjour. Ça _va_ bien? Je _m'appelle_ Léo. _Je_ suis _de_ Paris. Voilà Marie, _une_ copine. Elle est _aussi_ de _Paris_. Et _voilà_ Malabar. Viens _vite_ Malabar! Ah, il _est_ fantastique! Au _revoir_.

Unité 1, Bilan 1, S. 16

1. **b;** 2. **a.**

Unité 1, Bilan 3, S. 16

1. **b;** 2. **Begrüßung**

Unité 1, Bilan 4, S. 16

A: Voilà 1. _un_ chat, 2. _une_ fille, 3. _un_ garçon, 4. _une_ dame et 5. _un_ monsieur.
B: 1. – Tu _es_ Marie? 2. – Non, moi c' _est_ Laila. 3. – Tu _es_ de Toulouse? 4. – Non, je _suis_ de Strasbourg. 5. – Clément _est_ de Brest? 6. – Non, _il est_ est de Nice. Et moi, _je suis_ de Paris.

Tipp: Wenn du nicht sicher bist, schreibe mit dem Bleistift. Ausradieren und korrigieren geht leicht.

Unité 1, En plus 2, S. 17

Nomen: **chien, copine, chat, garçon;**
Verben: **viens, suis, es, être;**
Personalpronomen: **il, elle, tu, je;**
Artikel: **un, une.**

Unité 1, En plus 5, S. 18

1. **Hunde aus einem Tierheim aufzunehmen.** Das Wort „adopter" gibt es als Fremdwort auch im Deutschen: adoptieren. „Jdn. adoptieren = jdn. aufnehmen".
2. **Tage der offenen Tür im Tierheim.** Das Wort „journée" enthält das Wort „jour", bekannt aus „Bonjour" = „Guten Tag".
3. **Die Adresse des Tierheims**

Unité 2

Unité 2, Bilan 1, S. 29

– Tu t'appelles comment?
– Je m'appelle Fatou.
– Tu habites où?
– J'habite à Lyon.
– Tu aimes le rock?
– Je déteste le rock.

Unité 2, Bilan 2, S. 29

Name der Person: **Marion;**
Name der Straße: **rue Brunel.**
Name des Klubs: **Les Batignolles de l'aurore.**

Unité 2, Bilan 3, S. 29

A: _Le_ chat Malou entre dans _la_ maison de la presse. Il cherche Moustique, _l'_ami de Malabar.
B: 1. Vous _êtes_ de Bonn? 2. Non, nous _sommes_ de Berlin. 3. Et là, qui _est_-ce? 4. Isabelle et Florian. _Ils sont_ super! 5. _Je_ suis le copain de Florian.
C: 1. Tu habit_es_ à Nice? – Oui, _j'_habit_e_ à Nice. 2. Marie et Fanny travaill_ent_? – Non, _elles_ regard_ent_ une BD. 3. _Vous_ entrez? – Oui, nous entr_ons_. On arriv_e_.

Tipp: Wenn dir ein Wort besonders kompliziert erscheint, lege das Lineal unter diese Textstelle. Überprüfe mit dem Zeigefinger oder mit dem Bleistift Buchstabe für Buchstabe die Rechtschreibung.

Unité 2, En plus 3, S. 29
1. Je suis de Paris. 2. Attention! J'arrive! 3. Je regarde une BD. 4. Julie est à l'école avec moi. 5. Tu es d'ici? 6. C'est la maison de Léo. 7. J'habite à Nice. 8. Qu'est-ce que c'est?

Unité 2, En plus 4, S. 30
1. **10 rue Berthier;** 2. **S.P.A.;** 3. **récompense.**

Unité 2, En plus 5, S. 30
Le numéro de téléphone, c'est le 01 **11** 05 **09 12**.

Unité 2, En plus 6, S. 31
A: français; rue; copine: école; cahier; gomme; sport; vite; frère. B: dans; fille; alors; comment; bizarre; maison; monsieur; madame; d'accord; chat; il est; classique.

Unité 2, En plus 7, S. 30
1. **Léo est dans la rue avec Marie et Moustique.**
2. **Un chat entre dans le magasin de Mme Latière.**
3. **C'est Malou, l'ami de Malabar.**
4. **Marie cherche une BD pour une amie.**
5. **Qu'est-ce que tudéteste, Léo?**

Plateau 1

Plateau 1, Révisions 1, S. 32
Die folgenden Wörter enthalten nicht den angegebenen Laut: [s] **zut;** [z] **alors;** [ɛ̃] **comment;** [ɔ̃] **grand-mère;** [ɑ̃] **regardons.**

Plateau 1, Révisions 2, S. 32
1. Moustique c'est le chien de Marie.
2. Malabar est l'ami de Malou.
3. Mme Latière est la grand-mère d'Alex.
4. M. Chabane est le papa de Marie Chabane.
5. Alex est la sœur de Jérôme.
6. Jérôme est le frère d'Alex.
7. Marie est la copine / l'amie de Léo.

Tipp: Denke an die Apostrophierung bei „le / la" und „de". Schau dir noch einmal S. 30, Nr. 3 an.

Plateau 1, Révisions 3, S. 32
1. **Malou est un chat. Il est super.**
2. **– Où sont Jérôme et Léo? – Ils sont là.**
3. **– Et Marie et Alexandra? – Elles sont dans la rue.**
4. **Vous habitez à Paris, Mme Latière?**

Tipp: Um die Entsprechungen für das deutsche „sie/Sie" in den Griff zu bekommen, schau dir in deinem Grammatischen Beiheft die Abschnitte „Was fällt dir auf?" in G2 sowie die Regeln 2 und 3 in G4 an.

Plateau 1, DELF 1, S. 33
1. **Marie;** 2. **au parc;** 3. **devant le kiosque.**

Tipp: Arbeite beim Hören immer zunächst mit dem Bleistift. Überschreibe erst nach dem zweiten Hören die Bleistiftnotizen mit dem Füller.

Plateau 1, DELF 2, S. 33
1. **la mère de Marine;** 2. **Dijon;** 3. **Paris.**

Tipp: Hier musst du sehr genau lesen. Nimm am besten farbige Marker, um in den Texten wichtige Informationen hervorzuheben.

Plateau 1, DELF 3, S. 34

Tipp: Du hast noch kein Wort des Formulars gelernt, trotzdem wirst du die Bedeutung wegen der Ähnlichkeit zum Deutschen erkennen können. Bei „date de naissance" hast du gezögert? Bei „date" ist die Nähe zu „Datum" noch offensichtlich. Und „naissance"? Hast du richtig geraten? Es heißt „Geburt".

Plateau 1, DELF 4, S. 34

Tipp: In der echten DELF-Prüfung sprichst du hier mit einem Prüfer, der sich mit dir unterhält. Suche dir einen Partner, der den Prüfer spielt und dir Fragen stellt. Für diesen Teil hast du übrigens eine kleine Vorbereitungszeit, in der du dir Stichworte auf einen Zettel schreiben kannst. In der Prüfung darfst du aber keinen Text von deinem Zettel ablesen.

Unité 3

Unité 3, Bilan 1, S. 44
Bonjour. Voilà Marie. Elle a onze ans.
Son anniversaire, c'est le 1er mars.
Sa sœur s'appelle Clara. Elle a aussi un frère: Gabriel. Son père travaille pour une radio.
Sa mère travaille dans un hôpital.
La famille Chabane habite 38 rue Truffaut.

Unité 3, Bilan 2, S. 44
1. **John;** 2. **les livres;** 3. **le sport.**

Unité 3, Bilan 3, S. 44
1. Marie a des cadeaux de ses amis: des CD, une BD et **trois livres.**
2. M. Chabane cherche **le cadeau. / les tickets de cinéma.**

Unité 3, Bilan 4, S. 44

A: A la FNAC, il y a 1. _des_ livre_s_, 2. _des_ ordinateur_s_, et 3. _des_ jeu_x_ vidéo.
Léo aime 4. _les_ CD et 5. _les_ affiche_s_ de Superbus.

B: 1. Où sont m_es_ cadeaux: _ma_ bougie, _mon_ t-shirt et _mon_ affiche?
2. Sarah cherche s_es_ cadeaux: _son_ t-shirt, _sa_ bougie et _son_ affiche.
3. Voilà t_es_ cadeaux: _ton_ affiche, _ta_ bougie et _ton_ t-shirt.

Unité 3, En plus 1, S. 45

- **Allô, papa, tu es où? En France ou en Allemagne?**
- **Je suis à Cologne.**
- **Tu es là demain?**
- **Bien sûr, demain, je suis à Paris.**
- **Maman prépare un gâteau.**
- **C'est super!**

Unité 3, En plus 2, S. 45

Qu'est-ce qu'il y a dans le carton?

Unité 3, En plus 3, S. 45

1. Léo range sa chambre. Il y a _des_ livres, _un_ jeu vidéo, _des_ crayons, _des_ cahiers et _une_ gomme. 2. Léo range ses affaires: _les_ livres et _les_ cahiers dans _le_ carton, _les_ crayons, _la_ gomme et _le_ jeu vidéo devant _l'_ordinateur.

Unité 3, En plus 4, S. 45

1. – Voilà t_on_ vélo! – M_on_ vélo? Non, c'est le vélo de Sarah. – Ah, c'est _son_ vélo. 2. – Voilà t_es_ t-shirts! – _Mes_ t-shirts? Non, ce sont les t-shirts de Marie. – Ah, ce sont _ses_ t-shirts.
3. – Voilà t_a_ bougie! – _Ma_ bougie? Non, c'est la bougie de Jean. – Ah, c'est _sa_ bougie.

Unité 3, En plus 5, S. 46

1. *Jérôme:* _Demain_, c'est mon anniversaire. Tu prépares un gâteau pour moi, _s'il te plaît_?
2. *Alex:* _D'accord_. Mais on prépare le gâteau _ensemble_.
3. *Jérôme:* Euh, … _d'abord_, je range ma chambre. Et _puis_ j'écoute mes CD.
4. *Alex:* _Mais_, c'est TON anniversaire!!

Unité 3, En plus 6, S. 47

1. **Salut** statt „Bonjour"; 3. und 4. **cadeau** statt „chien"; 7. **Demain** statt „Aujourd'hui"; 10. **cherche** statt „range".

Unité 4

Unité 4, Bilan 1, S. 55

~~un copain~~, **la famille**; ~~le CDI~~, **la musique**; ~~la mère~~, **le sport**; ~~le fils~~, **l'école.**

Unité 4, Bilan 2, S. 55

Lösungsvorschlag:
Salut ((nom)),
Ma classe, la 6ᵉA, prépare une journée de jeux, jeudi 14 juillet, de 9 h à 13 h, dans la cour de notre / l'école. Nous faisons des jeux, nous chantons des chansons et nous écoutons des CD. Il y a aussi des gâteaux. C'est sympa, non? Alors, viens avec moi! D'accord?
A bientôt!
((nom))

Tipp: Diese Lösung ist nur eine Möglichkeit. Vielleicht hast du es anders, aber doch richtig gemacht. Am besten zeigst du deine Lösung deiner Lehrerin oder deinem Lehrer.

Unité 4, Bilan 3, S. 55

A: 1. Non, **je ne regarde pas la télé.**
2. **Non, ce n'est pas la récréation.**
3. **Non, je n'habite pas à Paris.**

B: 1. Je _vais_ _au_ CDI et je _fais_ des exercices.
2. Vous _allez_ _chez_ Marie et vous _faites_ vos devoirs? 3. Ils _vont_ _à l'_école et ils _font_ des jeux.

C: 1. J'aime _mon_ frère, _ma_ sœur, _mes_ parents et _mon_ amie. 2. Clara et Gabriel, où est _votre_ cousin et où sont _vos_ cousines?
3. Mehdi et Karima regardent _leur_ frère et _leurs_ parents.

Unité 4, En plus 2, S. 56

1. Léo n'est **pas là, aujourdhui**? 2. **Nous n'allons pas au CDI**? 3. **On ne regarde pas la clé USB**?
4. **Tu ne trouves pas ça bien**?

Unité 4, En plus 3, S. 56

1. **Je ne sais pas.** 2. **Excusez-moi.** 3. **Tu as raison!**
4. **C'est un rêve!** 5. **Pardon, quelle heure est-il?**

Unité 4, En plus 4, S. 56

1. _vont_; 2. _sont_; 3. _ont_; 4. _ont_; 5. _font_; 6. _sont_; 7. _ont_.

Unité 4, En plus 5, S. 57

A: Reihenfolge der richtigen Nummern in den Kästchen: **4 – 1 – 5 – 3 – 2.**
B: Lösungsvorschlag:
1. **Malabar est devant le collège. Il cherche**

Moustique. 2. **Il va dans la cour. Mais Moustique n'est pas là.** 3. **Il cherche aussi à l'infirmerie. Il regarde sous les lits et sur les lits. Mais où est Moustique?** 4. **Malabar est derrière le gymnase. Et qui est là? Moustique ... avec Malou!** 5. **Ah non, non et non! Malabar rentre à la maison. Maintenant, il déteste Malou et il déteste aussi Moustique!**

Tipp: Diese Lösung ist nur eine Möglichkeit. Vielleicht hast du es anders, aber doch richtig gemacht. Am besten zeigst du deine Lösung deiner Lehrerin oder deinem Lehrer.

Plateau 2

Plateau 2, Révisions 1, S. 59

Die folgenden Wörter enthalten nicht den angegebenen Laut: [ə] **tante;** [e] **merci;** [ɛ] **en retard;** [œ] **gâteau.**
Tipp: Folgende deutsche Wörter haben Laute mit einer vergleichbaren Aussprache: [ə] entspricht in etwa dem Schluss-e im Deutschen bei „bitte",
[e] wie „der S**ee**", [ɛ] wie „g**ä**hnen",
[œ] wie „R**ö**cke".
Du kannst dir alle Laute über den folgenden „Zungenbrecher" merken:
«Rendez-vous à treize heures et demie chez les seize sœurs de Léonie.»

Plateau 2, Révisions 2, S. 59

1. Alex **cherche** Malou. 2. Léo **aime** les chiens. Mme Latière **déteste**
les chiens. 3. Malabar est **sous le lit.** Malou **est sur le lit.** 4. **Malou est devant le carton. Malabar est derrière le carton.**
Tipp: Das Lernen in Gegensatzpaaren ist eine gute Hilfe für das Einprägen, z. B.: chercher ≠ trouver, aimer ≠ détester, jouer ≠ travailler, sous ≠ sur, devant ≠ derrière, aujourd'hui ≠ demain, ici ≠ là.

Plateau 2, Révisions 3, S. 59

1. **Mme Mangin cherche sa clé USB.**
2. **Vous chantez pour Marie? C'est son anniversaire.**
3. **C'est votre chien, Mme Pirou?**
4. **Marie et Alex aiment leur école.**

Tipp: Um die Entsprechungen für das deutsche „ihr / Ihr" in den Griff zu bekommen, schau dir in deinem Grammatischen Beiheft die folgenden Abschnitte an: (Personalpronomen) G 4, Regel 2, sowie (Possessivbegleiter) G 10, Regel 2, und G 16, S. 24.

Plateau 2, DELF 1, S. 60

A: Reihenfolge der Dokumente: **4 – 3 – 1 – 2.**
B: 1. **Philippe;** 2. **de maths;** 3. **tennis.**
4. **04 31 19 27 15.**

Tipp: Lege dir vor der DELF-Prüfung immer Bleistift, Radiergummi, Textmarker und Kugelschreiber / Füller bereit. Arbeite beim Hören immer zunächst mit dem Bleistift. Nach dem zweiten Hören überschreibst du dann die Bleistiftnotizen mit dem Füller.

Plateau 2, DELF 2, S. 60

A: 1. **Albertine;** 2. **Marie;** 3. **A 3 heures.**
B: 1. **Cirque du Soleil;** 2. **un mois;** 3. **12,50.**

Tipp: Wenn du ein Wort nicht auf Anhieb verstehst, überprüfe, ob du vielleicht ein ähnliches Wort im Deutschen oder in anderen Sprachen kennst. Beim Leseverstehen musst du sehr genau lesen. Nimm am besten farbige Marker, um in den Texten wichtige Informationen hervorzuheben.

Plateau 2, DELF 3, S. 61

A: Lösungsvorschlag: Du kannst hier deine eigene E-Mail-Adresse eintragen oder eine E-Mail-Adresse erfinden. **Dans votre programme,**
j'aime: la musique / les chansons / les jeux / etc.
B: Lösungsvorschlag:
Objet: **Paris**
Salut Emma,
Paris est super! Je suis dans une famille française. Elle est très sympa. Tu vas bien?
Bises, ((nom))
Tipp: Die Endung der frz. E-Mail-Adressen ist „.fr". Das kennst du schon aus Unité 3, S. 36, Nr. 1.
Die angegebene Lösung ist nur eine Möglichkeit. Vielleicht hast du es anders, aber doch richtig gemacht. Am besten zeigst du deine Lösung deiner Lehrerin oder deinem Lehrer.

Plateau 2, DELF 4, S. 61

A: Lösungsvorschlag: **Je m'appelle Florian Hansen. J'habite à Potsdam, Schillerstraße 3. J'ai un chat. Il s'appelle Mimi. Avec mes amis, je fais des jeux vidéo. Au collège, j'aime l'anglais et le français. J'aime aussi jouer avec mes copains.**
B: Lösungsvorschlag: **foot: Vous aimez le foot?; anniversaire: C'est quand, votre anniversaire?; ordinateur: Vous avez un ordinateur?; famille: Qui est dans votre famille?**

Tipp: In der echten DELF-Prüfung sprichst du hier mit einem französischen Prüfer, der sich mit dir unterhält. Erst sollst du dich vorstellen. Danach stellst du dem Prüfer anhand von Wörtern, die du mit einem Kärtchen ziehst, Fragen, die er dir beantwortet. Du hast für diese Übung (Karten ziehen und Fragen stellen) keine Vorbereitungszeit. Denke daran, dass du den Prüfer während der Prüfung siezen musst.

Unité 5

Unité 5, Bilan 1, S. 71

1. appartement, entrée, salon, chambres, cuisine, bains, toilettes.
2. droit, gauche, traverse, droite.
3. gaufres, crêpes, coca, eau, menthe, faim, soif, combien

Unité 5, Bilan 2, S. 71

A: 1. Demain, je vais faire du foot; je ne vais pas regarder la télé.
2. Demain, on va faire du roller; on ne va pas aller au cinéma.
B: 1. A la cantine? – Non, je vais au CDI et après, à l'infirmerie. Mais d'abord, je vais aux toilettes.
2. Tu fais de la natation? – Non, je fais du foot et de l'athlétisme.
C: 1. Oh oui, allons à la piscine ensemble!
2. Non, ne faites pas ça!
3. Joue avec moi!
D: 1. **Est-ce que tu as un chien?**
2. **Où est-ce que tu habites?**
3. **Qu'est-ce que tu fais samedi matin?**

Unité 5, En plus 1, S. 72

D: Die Körperteile **„la tête"** (der Kopf), **„le nez"** (die Nase), **„l'oreille"** (das Ohr) kommen im Lied nicht vor.

Unité 6

Unité 6, Bilan 1, S. 81

A: Hier soir, on a fêté l'anniversaire de Lilou. D'abord, on a donné nos cadeaux à Lilou. Puis elle a soufflé les bougies. Après, nous avons écouté des CD et nous avons dansé.
A la fin, les garçons ont fait un jeu, les filles n'ont pas joué avec les garçons, elles ont discuté de leurs vêtements «cool». Je n'ai pas aimé ça. Alors moi, j'ai joué avec le petit chien de Lilou.
B: 2. **une chemise verte,** 3. **un pantalon jaune,** 4. **des chaussures rouges.**

Unité 6, Bilan 2, S. 81

1. **Ala récréation, Abdel pose des questions à Clara.** 2. **Dans la cour, Clara raconte l'histoire à son copain.** 3. **Hier, Noah a demandé à Marie: «Tu danses avec moi?»** 4. **Marie a montré une petite danse au frère de Noah.**

Unité 6, En plus 1, S. 82

1. Oui, je vais regarder le feu d'artifice.
2. Non, nous n'allons pas visiter Euro-Disney.
3. Elles ont fait du sport.
4. Non, elles n'ont pas joué avec Moustique. Il a joué avec moi.
5. Non, je n'aime pas le sport.
6. Oui, j'aime beaucoup Moustique.

Unité 6, En plus 2, S. 82

1. Marie est contente de son collège.
2. C'est un très grand collège avec des activités intéressantes. 3. Les camarades de classe de Marie sont sympas. 4. Elle trouve son prof d'allemand super. 5. Il porte toujours des vêtements bizarres: une chemise noire, un pantalon rouge et des chaussures jaunes, ce sont les couleurs de l'Allemagne.
6. Il a des bonnes idées, il donne des cours intéressants et il aime chanter des chansons allemandes avec ses élèves.

Unité 6, En plus 3, S. 82

Die Sätze **2**, **4** und **6** sind richtig. Verbesserungen der anderen Sätze: 1. **La Fête nationale est le 14 Juillet.** 3. **Le 14 Juillet, on ne travaille pas.** 5. Zum Beispiel: **Les gens dansent dans les rues.**

Unité 6, En plus 4, S. 83

Es gibt mehrere Möglichkeiten, die Adjektive einzubauen. Hier ein Beispiel:
M. Schmidt, un ami **allemand** de mon père, **a invité** notre famille. Nous **avons passé** un week-end **sympa** à Berlin. Samedi, nous **avons fait** un **grand** tour en voiture pour visiter la ville. Le soir, les Schmidt **ont préparé** un **bon** repas pour nous. Mon père **a montré** des photos **intéressantes** de Paris. Dimanche, nous **avons fait** une **petite** promenade sur le boulevard «Unter den Linden». On **a passé** deux jours **fantastiques** à Berlin.

Unité 6, En plus 5, S. 83

1. **Fête de la musique;** 2. **Toulouse;** 3. **Charlotte;** 4. **Kyo.**

Unité 7

Unité 7, Bilan S. 92

1. **Quel temps fait-il?** 2. **Il fait froid.** 3. **Il fait chaud.** 4. **Il fait mauvais.** 5. **Il fait beau.** 6. **Il pleut.** 7. **Il neige.** 8. **Il y a du vent.** 9. **Je suis désolé.** (Junge) / **Je suis désolée.** (Mädchen) 10. **Je suis fatigué.** (Junge) / **Je suis fatiguée. (Mädchen)** 11. **J'écris beaucoup de SMS, mais peu de cartes postales.** 12. **Je vais à l'école en bus.**

Unité 7, En plus 2, S. 93

A: 1. **Mona Lisa;** 2. **La Joconde est au Louvre.**
C: 1. **Dieb;** 2. **au Louvre;** 3. **Möglichkeit: Non, il n'a pas trouvé le voleur parce qu'il n'y a pas de voleur.**

Plateau 3

Plateau 3, Stratégie: Trouve les fautes, S. 95

Dies sind die Fehler: **1b)** Vous habit*ez* à Paris, M. Pirou? **1c)** Delphine et Lilou joue*nt* avec Moustique. **2a)** Les fille*s* de ma classe vont au cinéma. **2b)** N'oubliez pas vos affaire*s* dans le gymnase. **2c)** Au marché aux puces, tu trouves des joli*es* choses. **3a)** Le père d'Alex prend *sa* voiture. **3b)** Le garçon au stand, c'est *ton* frère, Clara? **3c)** Léo et son père ne trouvent pas leur*s* tickets de métro. **4a)** Aujourd'hui, je *ne* travaille pas. **4b)** Marie et Clara *ne vont* pas danser avec un petit garçon. **4c)** Jérôme n'a *pas fait* ses devoirs. **5a)** Il faut d*é*j*à* aller au lit? Oh non, il *n'e*st pas encore minuit. **5b)** O*ù* est mon p*è*re? Il n'est plus l*à*. **5c)** *Ç*a va? Le cin*é*ma est tr*è*s cher, non?

Tipp: 1. Suche das Subjekt des Satzes, schaue dann auf die Verbendung.
2. Hilfsfragen: Passt der Begleiter *(le / la / les, un / une / des)* in Geschlecht (maskulin / feminin) und Zahl (Singular / Plural) zum Nomen? Passt das Adjektiv in Geschlecht und Zahl zum Nomen, zu dem es gehört?
3. Der Possessivbegleiter (besitzanzeigendes Fürwort) richtet sich im Französischen nach dem Nomen, vor dem er steht. Achtung: *Son / sa / ses* begleiten Personen/Sachen, die einem Jungen *(sein / e)* oder einem Mädchen *(ihr / e)* gehören können.
4. Die Verneinung umschließt das konjugierte Verb, *ne* davor, *pas* … danach.

Plateau 3, DELF 1, S. 96

A: 1. **ein Geschenk;** 2. **Aline;** 3. **19 heures.**
B: Scène n° 1: **C'est dans un club de judo.**
Scène n° 2: **C'est chez des copains.**

Plateau 3, DELF 2, S. 96

1. livre **4**; 2. livre **1**; 3. livre **2**; 4. livre **3**

Tipp: Du musst nicht alles verstehen, um die Aufgabe zu lösen. Manchmal hilft es, in den Aufgaben die Schlüsselwörter zu finden und zu markieren. Hier sind die Schlüsselwörter offensichtlich „l'Afrique, les BD, les histoires de frères (et sœurs), le sport". Versuche, diese Wörter in den Buchbeschreibungen wiederzufinden und sie auch dort farbig zu markieren.

Plateau 3, DELF 3, S. 97

Lösungsvorschlag:
Cher / Chère ((nom)),
Ça va? Chez nous, ça va bien.
Nous, ce sont maman, papa et Lena, ma sœur.
Elle a 16 ans et elle est très sympa.
Nous habitons dans un appartement de 4 pièces.
Lena et moi, nous sommes ensemble dans une grande chambre. Tu vas être dans notre chambre.
A bientôt,
((nom))

Tipp: Nach der Anrede steht ein Komma und du fährst in der neuen Zeile mit einem Großbuchstaben fort. Nach dem Gruß am Ende steht ebenfalls ein Komma, danach kommt nur noch der Name (ohne Possessivbegleiter!). Mache Abschnitte, dann ist der Brief übersichtlicher.
Die angegebene Lösung ist nur eine Möglichkeit.

Plateau 3, DELF 4, S. 98

A: Lösungsvorschlag: **Je m'appelle Cennet. J'ai 12 ans. J'ai deux frères: Hakan et Ahmet. Ma mère s'appelle Medine et elle travaille à la poste. Mon père s'appelle Mehmet. Il a 42 ans et il a un magasin. Mon école n'est pas loin de notre maison. Je vais à l'école à pied. Après l'école, je rentre à la maison. Je joue un peu dans ma chambre et après, je fais mes devoirs. Le mardi, de 4 à 5 heures, j'ai un cours de guitare. Le soir, à la maison, je lis beaucoup. J'aime Harry Potter.**

B: Lösungsvorschlag:
- **Bonjour, madame / monsieur!**
- **Bonjour!**
- **Vous avez un t-shirt avec la tour Eiffel?**
- **Oui. Regarde.**
- **Il est joli. Il coûte combien?**
- **Il n'est pas cher. Il coûte / fait 15 euros.**
- **D'accord. Je prends le t-shirt. Vous avez aussi des t-shirts avec le Louvre?**
- **Désolé(e). Je n'ai pas de t-shirts avec le Louvre.**

– C'est dommage. Voilà les 15 euros. Au revoir, madame / monsieur.
– Merci beaucoup. Au revoir et bonne journée!

Tipp: Bei jeder mündlichen DELF-Übung überlegst du dir einen anderen Aspekt, den du in deine Vorstellung einbaust. So erweiterst du deinen Wortschatz und die Dauer der Redezeit. Suche dir zum Üben einen Partner, der den Prüfer spielt. Erst sollst du dich vorstellen. Danach sollst du mit dem Prüfer ein Rollenspiel durchführen. Du hast hierfür 10 Minuten Vorbereitungszeit. Denke daran, dass du den Prüfer während der Prüfung siezen musst. Tausche anschließend mit deinem Prüfer die Rollen.

Übersicht über die Tondokumente

Abkürzungen:

SB	Schülerbuch	**A**	Atelier A	**P**	Plateau	**Ep**	En plus
CdA	Cahier d'activités	**B**	Atelier B	**Bi**	Bilan	**S**	Station
Dé	Découvertes	**C**	Atelier C				

Die MP3-Tracks beziehen sich auf die diesem Cahier d'activités beiliegende MP3-CD.

Die Audio-Tracks beziehen sich auf die Audio-CD, die unter der Klettnummer 622166 angeboten wird.

	Track mp3	Track Audio	Titel
U0	001*	001	Chanson: Hey, tous ensemble ...
	002	002	En français, s'il vous plaît!
	003	003	Bonjour! Salut!
	004*	004	Chanson: Salut, ça va?
	005	005	L'alphabet
Cda	006	006	Le français et les autres langues
U1	007	007	Bonjour, Paris!
	008	008	A1 Moustique et Malabar
	009	009	A3 Ecouter et lire: Ouah! Ouah!
	010	010	B1 C'est bizarre, Malabar!
	011	011	B2 Chanson: Moustique et Malabar
	012	012	B5 Jeu de sons: Attention!
	013	013	B6 En forme: Il est de Paris.
	014	014	B8 jeu de mots: un, deux, trois ...
	015	015	P1 Ecouter: A Paris
	016	016	Bilan 2: Ecouter et lire
Cda	017*	017	Chanson: Bonjour, Paris!
	018*	018	Playback: Bonjour, Paris!
	019	019	A7a jeu de sons
	020	020	A7c Chanson: Sur le pont d'Avignon
	021	021	P13: Bonjour et au revoir
	022	022	Bilan 3: Ecouter et regarder
U2	023	023	Découvertes
	024	024	A1 Qu'est-ce que c'est en français?
	025	025	A1 En rythme
	026	026	A3 Voilà Alex.
	027	027	A8 Ecouter et parler: Zut, le carton!
	028	028	B1 Approche: Toi et moi
	029	029	B2 Salut, Jérôme! (1)
	030	030	B2 Salut, Jérôme! (2)
	031	031	B2 Salut, Jérôme! (3)
	032	032	B2 Salut, Jérôme! (4)
	033	033	B4 Jeu de sons A
	034	034	B4 Jeu de sons B
	035	035	B7 Jeu de mots: le sport et la musique
	036	036	B8 Ecouter: Qu'est-ce que tu aimes, Léo?
	037	037	Bilan 3: Ecouter et comprendre
Cda	038*	038	Chanson: Rue de la Chine
	039*	039	Chanson: Rue de la Chine (Playback)
	040	040	A3 les verbes en -er
	041	041	B9 a Jeu de sons: La liaison
	042	042	B9 c Vire-langue
	043	043	B11 En forme: Les verbes en -er
	044	044	P16 Qui est-ce?
	045	045	Bilan 2 : Lire, écouter et regarder
	046	046	En plus 5 Ecouter: Où est Tobi?
P1	047	047	Les chiens célèbres
	048*	048	Chanson: Mirza
	049	049	Üb. 1 Ecouter et parler: Qui est-ce ?
	050	050	DELF 1: Compréhension de l'oral
Cda	051	051	DELF Compréhension de l'oral
U3	052	001	Découvertes: Joyeux anniversaire
	053	002	A1 Approche: Des idées pour un cadeau
	054	003	A3 Texte: On prépare l'anniversaire 1
	055	004	A3 Texte: On prépare l'anniversaire 2
	056	005	A5 Jeu de sons A: Les amis et le cadeau
	057	006	A5 Jeu de sons C: Les amis et le cadeau
	058	007	A6 Ecouter et parler: C'est une super idée!
	059*	008	A10 Chanson: La chanson d'anniversaire
	060	009	B1 Texte: L'anniversaire de Léo

	Track mp3	Track Audio	Titel
	061	010	B4 Ecouter: Marie et Mehdi
	062	011	B5 jeu de sons
	063	012	Bilan 5: Ecouter et comprendre
Cda	064	013	A5 les mots et les lettres
	065	014	B9 jeu de sons les nombres
	066	015	B9 Les numéros de téléphone
	067*	016	Chanson: Mon beau sapin
	068	017	P18 Que dit Amélie?
	069	018	Bilan 2: Ecouter et regarder
	070	019	En plus: Trouve les différences
U4	071	020	Découvertes: Ecoutez les scènes
	072	021	A1 Approche: Une journée de Marie
	073	022	A3 Texte: La clé USB 1
	074	023	A3 Texte: La clé USB 2
	075	024	A3 Texte: La clé USB 3
	076*	025	A5 Chanson: C'est ça, le collège!
	077*	026	A5 Karaoke: C'est ça, le collège!
	078	027	A9 Ecouter: Une journée d'élève (DELF)
	079	028	B4 Texte: Une surprise
	080	029	B5 Ecoutez la fin de l'histoire.
	081	030	B9 Jeu de sons
	082	031	Bilan 2 Ecouter: Quelle heure est-il ?
Cda	083	032	A7 Ecouter A la radio
	084	033	B 8b Jeu de mots: Les jours de la semaine
	085	034	B 11 Virelangue
	086	035	B 12 Jeu de sons
	087	036	En plus: 5 Malabar et Moustique
P2	088*	037	Chanson: Bye bye collège
	089	038	4 Médiation Bonjour, c'est Joséphine ...
	090	039	DELF 1 Compréhension de l'oral
Cda	091	040	DELF Compréhension de l'oral a)
	092	041	DELF Compréhension de l'oral b)
U5	093	042	Découvertes: Un samedi dans le quartier
	094	043	A 1 Approche: Taxi!
	095	044	A 3 Texte: Une nuit chez Marie (1)
	096	045	A 3 Texte: Une nuit chez Marie (2)
	097	046	A 3 Texte: Une nuit chez Marie (3)
	098	047	A 5 Jeu de mots: Les activités de Clara
	099	048	B 1 Approche : Marie cherche Interclub
	100	049	B2 Ecouter et parler
	101	050	B 3 Texte: Le champion numéro 1 (1)
	102	051	B 3 Texte: Le champion numéro 1 (2)
	103	052	B 3 Texte: Le champion numéro 1 (3)
	104	053	B 6 DELF: L'interview d'Alex
	105	054	C 1 Texte: Au stand de crêpes (1)
	106	055	C 1 Texte: Au stand de crêpes (2)
	107	056	C 1 Texte: Au stand de crêpes (3)
	108	057	C 1 Texte: Au stand de crêpes (4)
	109	058	C 4 En forme: Le rap des crêpes
Cda	110*	059	Découvertes: Chanson: A vélo dans Paris
	111*	060	Découvertes: Playback: A vélo dans Paris
	112	061	B 8 Plan du quartier
	113	062	C 11 jeu de sons
	114	063	C 13 Ecouter: Ça coûte combien?
	115*	064	En plus: Chanson: Jean petit qui danse
	116*	065	En plus: Playback: Jean petit qui danse (nur Kl. 7)
U6	117	001	Découvertes: On fait la fête !
	118	002	A 1 Ecouter: Dans le TGV
	119	003	A 2 Approche: Tu as rangé ta chambre?

	Track mp3	Track Audio	Titel
	120	004	A 4 Texte: Le blog de Marie (1)
	121	005	A 4 Texte: Le blog de Marie (2)
	122	006	A 10 Ecouter: Ce soir, on fait la fête!
	123	007	B1 Texte: Au bal du 14 juillet (1)
	124	008	B1 Texte: Au bal du 14 juillet (2)
	125	009	B1 Texte: Au bal du 14 juillet (3)
	126	010	B1 Texte: Au bal du 14 juillet (4)
	127	011	B 2 A propos du texte
	128	012	B 3 Jeu de sons
	129	013	B 6 Texte: Un courriel
	130	014	P 1 Ecouter et lire: La fête nationale
	131	015	P 1 Ecouter et lire: Noël
	132*	016	P1 Chanson: Kera chante Noël
	133	017	P 1 Ecouter et lire: L'épiphanie
	134*	018	P1 Chanson: Sheila: les rois mages
	135	019	P 1 Ecouter et lire: Pâques
	136	020	P 1 Ecouter et lire: La fête de la musique
	137	021	P 3 Les grandes vacances
Cda	138	022	A 6 En forme: Masculin ou féminin?
	139	023	B 9 jeu de sons
	140	024	P 12 Ecouter: Der Anrufbeantworter
	141	025	En plus: Ecouter et regarder: Une fête
U7	142	026	Découverte: Le Paris des touristes
	143	027	A 1 Texte: A vélo dans Paris
	144*	028	A 1 Chanson: A vélo dans Paris (Fr)
	145*	029	A 1 Chanson: A vélo dans Paris (Dt)
	146	030	B 1 Lire: Bisous de la tour Eiffel
	147	031	C 1 Lire: Trop tôt pour Léo
	148*	032	C 4 Ecouter: Métro, boulot, dodo!
	149	033	D 1 Lire: Pas de problème!
	150	034	D3 Ecouter: Un stand pas comme les autres
	151	035	E 1 Lire: On va sur le grand huit?
Cda	152	036	B 3 Ecouter et ércire: Quel temps fait-il?
	153	037	D 4 Ecouter: A la gare
P3	154	038	Poème: Dans Paris
	155	039	Üb. 1: Comment trouver le stand de crêpes?
	156	040	DELF 1: Un weekend de juillet à Montargis
Cda	157	041	DELF Compréhension de l'oral a)
	158	042	DELF Compréhension de l'oral b)
POOL	159	043	L2 Une librairie papetrie
	160	044	L2 DELF: Oh pardon!
	161	045	L4 Une journée de Moustique
	162	046	L4 Vont, font, sont ou vont?
	163	047	L4 Dans la salle de cours
	164	048	L6 Quatre devinettes
	165	049	L7 Une semaine à Paris
	166	050	L7 La dictée des journalistes

www.klett.de

hier findet ihr die Aufnahmen von

- „La dame du rez-de-chaussée" aus dem Schülerbuch
- „Lisa à Paris" aus dem Cahier d'activités

*Diese Lieder befinden sich aus lizenzrechtlichen Gründen nicht auf der MP3-CD, die der Schülerausgabe des Cahier d'activités beiliegt.

Übersicht über die Tondokumente

Abkürzungen:

SB	Schülerbuch	**A**	Atelier A	**P**	Plateau	**Ep**	En plus
CdA	Cahier d'activités	**B**	Atelier B	**Bi**	Bilan	**S**	Station
Dé	Découvertes	**C**	Atelier C				

Die MP3-Tracks beziehen sich auf die diesem Cahier d'activités beiliegende MP3-CD.

Die Audio-Tracks beziehen sich auf die Audio-CD, die unter der Klettnummer 622166 angeboten wird.

	Track mp3	Track Audio	Titel
U0	001*	001	Chanson: Hey, tous ensemble …
	002	002	En français, s'il vous plaît!
	003	003	Bonjour! Salut!
	004*	004	Chanson: Salut, ça va?
	005	005	L'alphabet
Cda	006	006	Le français et les autres langues
U1	007	007	Bonjour, Paris!
	008	008	A1 Moustique et Malabar
	009	009	A3 Ecouter et lire: Ouah! Ouah!
	010	010	B1 C'est bizarre, Malabar!
	011	011	B2 Chanson: Moustique et Malabar
	012	012	B5 Jeu de sons: Attention!
	013	013	B6 En forme: Il est de Paris.
	014	014	B8 Jeu de mots: un, deux, trois …
	015	015	P1 Ecouter: A Paris
	016	016	Bilan 2: Ecouter et lire
Cda	017*	017	Chanson: Bonjour, Paris!
	018*	018	Playback: Bonjour, Paris!
	019	019	A7a jeu de sons
	020	020	A7c Chanson: Sur le pont d'Avignon
	021	021	P13: Bonjour et au revoir
	022	022	Bilan 3: Ecouter et regarder
U2	023	023	Découvertes
	024	024	A1 Qu'est-ce que c'est en français?
	025	025	A1 En rythme
	026	026	A3 Voilà Alex.
	027	027	A8 Ecouter et parler: Zut, le carton!
	028	028	B1 Approche: Toi et moi
	029	029	B2 Salut, Jérôme! (1)
	030	030	B2 Salut, Jérôme! (2)
	031	031	B2 Salut, Jérôme! (3)
	032	032	B2 Salut, Jérôme! (4)
	033	033	B4 Jeu de sons A
	034	034	B4 Jeu de sons B
	035	035	B7 Jeu de mots: le sport et la musique
	036	036	B8 Ecouter: Qu'est-ce que tu aimes, Léo?
	037	037	Bilan 3: Ecouter et comprendre
Cda	038*	038	Chanson: Rue de la Chine
	039*	039	Chanson: Rue de la Chine (Playback)
	040	040	A3 les verbes en -er
	041	041	B9 a Jeu de sons: La liaison
	042	042	B9 c Vire-langue
	043	043	B11 En forme: Les verbes en -er
	044	044	P16 Qui est-ce?
	045	045	Bilan 2 : Lire, écouter et regarder
	046	046	En plus 5 Ecouter: Où est Tobi?
P1	047	047	Les chiens célèbres
	048*	048	Chanson: Mirza
	049	049	Üb. 1 Ecouter et parler: Qui est-ce ?
	050	050	DELF 1: Compréhension de l'oral
Cda	051	051	DELF Compréhension de l'oral
U3	052	001	Découvertes: Joyeux anniversaire
	053	002	A1 Approche: Des idées pour un cadeau
	054	003	A3 Texte: On prépare l'anniversaire 1
	055	004	A3 Texte: On prépare l'anniversaire 2
	056	005	A5 Jeu de sons A: Les amis et le cadeau
	057	006	A5 Jeu de sons C: Les amis et le cadeau
	058	007	A6 Ecouter et parler: C'est une super idée!
	059*	008	A10 Chanson: La chanson d'anniversaire
	060	009	B1 Texte: L'anniversaire de Léo

	Track mp3	Track Audio	Titel
	061	010	B4 Ecouter: Marie et Mehdi
	062	011	B5 jeu de sons
	063	012	Bilan 5: Ecouter et comprendre
Cda	064	013	A5 les mots et les lettres
	065	014	B9 jeu de sons les nombres
	066	015	B9 Les numéros de téléphone
	067*	016	Chanson: Mon beau sapin
	068	017	P18 Que dit Amélie?
	069	018	Bilan 2: Ecouter et regarder
	070	019	En plus: Trouve les différences
U4	071	020	Découvertes: Ecoutez les scènes
	072	021	A1 Approche: Une journée de Marie
	073	022	A3 Texte: La clé USB 1
	074	023	A3 Texte: La clé USB 2
	075	024	A3 Texte: La clé USB 3
	076*	025	A5 Chanson: C'est ça, le collège!
	077*	026	A5 Karaoke: C'est ça, le collège!
	078	027	A9 Ecouter: Une journée d'élève (DELF)
	079	028	B4 Texte: Une surprise
	080	029	B5 Ecoutez la fin de l'histoire.
	081	030	B9 Jeu de sons
	082	031	Bilan 2 Ecouter: Quelle heure est-il ?
Cda	083	032	A7 Ecouter A la radio
	084	033	B 8b Jeu de mots: Les jours de la semaine
	085	034	B 11 Virelangue
	086	035	B 12 Jeu de sons
	087	036	En plus: 5 Malabar et Moustique
P2	088*	037	Chanson: Bye bye collège
	089	038	4 Médiation Bonjour, c'est Joséphine …
	090	039	DELF 1 Compréhension de l'oral
Cda	091	040	DELF Compréhension de l'oral a)
	092	041	DELF Compréhension de l'oral b)
U5	093	042	Découvertes: Un samedi dans le quartier
	094	043	A 1 Approche: Taxi!
	095	044	A 3 Texte: Une nuit chez Marie (1)
	096	045	A 3 Texte: Une nuit chez Marie (2)
	097	046	A 3 Texte: Une nuit chez Marie (3)
	098	047	A 5 Jeu de mots: Les activités de Clara
	099	048	B 1 Approche : Marie cherche Interclub
	100	049	B2 Ecouter et parler
	101	050	B 3 Texte: Le champion numéro 1 (1)
	102	051	B 3 Texte: Le champion numéro 1 (2)
	103	052	B 3 Texte: Le champion numéro 1 (3)
	104	053	B 6 DELF: L'interview d'Alex
	105	054	C 1 Texte: Au stand de crêpes (1)
	106	055	C 1 Texte: Au stand de crêpes (2)
	107	056	C 1 Texte: Au stand de crêpes (3)
	108	057	C 1 Texte: Au stand de crêpes (4)
	109	058	C 4 En forme: Le rap des crêpes
Cda	110*	059	Découvertes: Chanson: A vélo dans Paris
	111*	060	Découvertes: Playback: A vélo dans Paris
	112	061	B 8 Plan du quartier
	113	062	C 11 jeu de sons
	114	063	C 13 Ecouter: Ça coûte combien?
	115*	064	En plus: Chanson: Jean petit qui danse
	116*	065	En plus: Playback: Jean petit qui danse (nur Kl. 7)
U6	117	001	Découvertes: On fait la fête !
	118	002	A 1 Ecouter: Dans le TGV
	119	003	A 2 Approche: Tu as rangé ta chambre?

	Track mp3	Track Audio	Titel
	120	004	A 4 Texte: Le blog de Marie (1)
	121	005	A 4 Texte: Le blog de Marie (2)
	122	006	A 10 Ecouter: Ce soir, on fait la fête!
	123	007	B1 Texte: Au bal du 14 juillet (1)
	124	008	B1 Texte: Au bal du 14 juillet (2)
	125	009	B1 Texte: Au bal du 14 juillet (3)
	126	010	B1 Texte: Au bal du 14 juillet (4)
	127	011	B 2 A propos du texte
	128	012	B 3 Jeu de sons
	129	013	B 6 Texte: Un courriel
	130	014	P 1 Ecouter et lire: La fête nationale
	131	015	P 1 Ecouter et lire: Noël
	132*	016	P1 Chanson: Kera chante Noël
	133	017	P 1 Ecouter et lire: L'épiphanie
	134*	018	P1 Chanson: Sheila: les rois mages
	135	019	P 1 Ecouter et lire: Pâques
	136	020	P 1 Ecouter et lire: La fête de la musique
	137	021	P 3 Les grandes vacances
Cda	138	022	A 6 En forme: Masculin ou féminin?
	139	023	B 9 jeu de sons
	140	024	P 12 Ecouter: Der Anrufbeantworter
	141	025	En plus: Ecouter et regarder: Une fête
U7	142	026	Découverte: Le Paris des touristes
	143	027	A 1 Texte: A vélo dans Paris
	144*	028	A 1 Chanson: A vélo dans Paris (Fr)
	145*	029	A 1 Chanson: A vélo dans Paris (Dt)
	146	030	B 1 Lire: Bisous de la tour Eiffel
	147	031	C 1 Lire: Trop tôt pour Léo
	148*	032	C 4 Ecouter: Métro, boulot, dodo!
	149	033	D 1 Lire: Pas de problème!
	150	034	D3 Ecouter: Un stand pas comme les autres
	151	035	E 1 Lire: On va sur le grand huit?
Cda	152	036	B 3 Ecouter et écrire: Quel temps fait-il?
	153	037	D 4 Ecouter: A la gare
P3	154	038	Poème: Dans Paris
	155	039	Üb. 1: Comment trouver le stand de crêpes?
	156	040	DELF 1: Un weekend de juillet à Montargis
Cda	157	041	DELF Compréhension de l'oral a)
	158	042	DELF Compréhension de l'oral b)
POOL	159	043	L2 Une librairie papetrie
	160	044	L2 DELF: Oh pardon!
	161	045	L4 Une journée de Moustique
	162	046	L4 Vont, font, sont ou vont?
	163	047	L4 Dans la salle de cours
	164	048	L6 Quatre devinettes
	165	049	L7 Une semaine à Paris
	166	050	L7 La dictée des journalistes

www.klett.de

hier findet ihr die Aufnahmen von

- „La dame du rez-de-chaussée" aus dem Schülerbuch
- „Lisa à Paris" aus dem Cahier d'activités

*Diese Lieder befinden sich aus lizenzrechtlichen Gründen nicht auf der MP3-CD, die der Schülerausgabe des Cahier d'activités beiliegt.

Découvertes

Série bleue 1

Sich auf Französisch verständigen

Plateau 1	
Ich kann jemanden begrüßen, fragen, wie es geht, und mich verabschieden.	☒
Ich kann sagen, wie ich heiße und wo ich wohne. Ich kann fragen, wie jemand heißt und wo jemand wohnt.	☒
Ich kann sagen, welchen Sport und welche Musik ich mag bzw. nicht mag, und ich kann einen anderen danach fragen.	☐
Ich kann verstehen, worum es geht, wenn ich eine Szene höre oder sehe.	☐
Manchmal möchte ich nur etwas Bestimmtes erfahren, wenn ich eine Szene höre, sehe oder einen Text lese. Das kann ich herausfinden.	☐
Ich kann verstehen, worum es geht, wenn ich eine französische Beschriftung lese, z. B. auf einem Hinweisschild oder an einem Laden.	☐
Ich kann einen einfachen Text über mich selbst schreiben.	☐
Médiation: Ich kann einfache französische Informationen auf Deutsch wiedergeben.	☐

Hier und dort

Plateau 1	
Ich weiß, wer sich in Frankreich mit der «bise» begrüßt.	☐
Ich kenne einige französische Städte und weiß, wo sie liegen.	☐
Ich kann zwei bis drei Dinge benennen, die für eine französische Straße / Wohngegend typisch sind, und sie mit meiner Umgebung vergleichen.	☐

Gewusst, wie …

Plateau 1	
Ich kann fragen und sagen, wie etwas auf Französisch heißt.	☐
Ich kann auch unbekannte Wörter verstehen, wenn es im Deutschen oder in anderen mir bekannten Sprachen ähnliche Wörter gibt.	☐
Ich kenne mich in meinem Französischbuch gut aus. Ich weiß z. B., wo ich nachschlage, wenn ich vergessen habe, was ein Wort bedeutet.	☐

Plateau 2

Ich kann sagen, wie alt ich bin, wann mein Geburtstag ist, und ich kann einen anderen danach fragen.	☐
Ich kann jemandem zum Geburtstag gratulieren.	☐
Ich kann mich oder andere Personen mit Familie und Vorlieben / Abneigungen vorstellen.	☐
Ich kann nach der Uhrzeit fragen und die Uhrzeit nennen.	☐
Ich kann einen Tagesablauf beschreiben.	☐
Ich kann ein Bild oder Foto mit einfachen Sätzen beschreiben.	☐
Ich kann auch Einzelheiten verstehen, wenn ich eine Szene sehe oder höre oder einen Text höre oder lese.	☐
Médiation: Ich kann einfache französische Informationen auf Deutsch und einfache deutsche Informationen auf Französisch wiedergeben.	☐

Plateau 3

Ich kann von meinen Hobbys erzählen und sagen, wann und wo ich sie ausübe. Ich kann jemanden danach fragen.	☐
Ich kann beschreiben, wo etwas in einer Wohnung steht.	☐
Ich kann jemanden nach dem Weg fragen, eine Wegbeschreibung verstehen und jemandem eine kurze Wegbeschreibung geben.	☐
Ich kann etwas zu essen und zu trinken bestellen und den Preis erfragen.	☐
Ich kann ein einfaches Einkaufsgespräch führen.	☐
Ich kann die Kleidung von Personen in einfacher Weise beschreiben.	☐
Ich kann eine einfache französische E-Mail / SMS / Postkarte verstehen und schreiben.	☐
Ich kann eine einfache Wettervorhersage verstehen und selbst sagen, wie das Wetter ist.	☐
Médiation: Ich kann die wichtigsten Informationen eines Veranstaltungsprogramms in der jeweils anderen Sprache zusammenfassen.	☐

Plateau 2

Ich kann einige Dinge benennen, die zu einem Geburtstag in Frankreich gehören.	☐
Ich kann einige Merkmale eines französischen *collège* benennen und sie mit meiner Schule vergleichen.	☐
Ich kann einen französischen Stundenplan mit meinem vergleichen und einige Unterschiede benennen.	☐

Plateau 3

Ich kenne einige französische Feste und kann sie mit mir vertrauten Festen vergleichen.	☐
Ich kann einige Sehenswürdigkeiten in Paris nennen, sie kurz beschreiben und über öffentliche Verkehrsmittel in Paris informieren.	☐

Plateau 2

Ich kann einen Text, den ich geübt habe, flüssig vorlesen.	☐
Ich kann zu einem vertrauten Thema (z. B.: Familie, Schule, Vorlieben) ein Wortnetz zusammenstellen, das mir beim Lernen und Behalten hilft.	☐
Ich kann einem Text das Thema und wichtige Informationen entnehmen, auch wenn ich nicht alle Wörter verstehe. Unterstreichungen helfen mir dabei.	☐

Plateau 3

Ich kann in einem Text erkennen, welche Wörter wichtig sind („Schlüsselwörter"), und mit ihrer Hilfe die wichtigsten Informationen des Textes verstehen.	☐
Ich kann neue Wörter weitgehend richtig aussprechen, wenn ich sie mit ähnlichen, mir schon bekannten Wörtern vergleiche.	☐